和谐校园文化建设读本

中小学艺术教育漫谈

王新利/编著

吉林教育出版社

图书在版编目(CIP)数据

中小学艺术教育漫谈 / 王新利编著. — 长春：吉林教育出版社，2012.6（2022.5重印）

（和谐校园文化建设读本）

ISBN 978－7－5383－8747－6

Ⅰ. ①中… Ⅱ. ①王… Ⅲ. ①中小学教育－艺术教育－教学研究 Ⅳ. ①G633.952

中国版本图书馆 CIP 数据核字（2012）第 115951 号

中小学艺术教育漫谈	王新利　编著

策划编辑　刘　军　　潘宏竹

责任编辑　庞　博　　　　　　　　　　　装帧设计　王洪义

出版　吉林教育出版社（长春市同志街 1991 号　邮编 130021）

发行　吉林教育出版社

印刷　北京一鑫印务有限责任公司

开本　710 毫米×1000 毫米　1/16　　13 印张　　**字数**　165 千字

版次　2012 年 6 月第 1 版　　2022 年 5 月第 3 次印刷

书号　ISBN 978－7－5383－8747－6

定价　39.80 元

编 委 会

主　编：王世斌

执行主编：王保华

编委会成员：尹英俊　尹曾花　付晓霞

　　　　　　刘　军　刘桂琴　刘　静

　　　　　　张　瑜　庞　博　姜　磊

　　　　　　潘宏竹

　　　　　　（按姓氏笔画排序）

总 序

千秋基业，教育为本；源浚流畅，本固枝荣。

什么是校园文化？所谓"文化"是人类所创造的精神财富的总和，如文学、艺术、教育、科学等。而"校园文化"是人类所创造的一切精神财富在校园中的集中体现。"和谐校园文化建设"，贵在和谐，重在建设。

建设和谐的校园文化，就是要改变僵化死板的教学模式，要引导学生走出教室，走进自然，了解社会，感悟人生，逐步读懂人生、自然、社会这三部天书。

深化教育改革，加快教育发展，构建和谐校园文化，"路漫漫其修远兮"，奋斗正未有穷期。和谐校园文化建设的研究课题重大，意义重要，内涵丰富，是教育工作的一个永恒主题。和谐校园文化建设的实施方向正确，重点突出，是教育思想的根本转变和教育运行机制的全面更新。

我们出版的这套《和谐校园文化建设读本》，全书既有理论上的阐释，又有实践中的总结；既有学科领域的有益探索，又有教学管理方面的经验提炼；既有声情并茂的童年感悟，又有惟妙惟肖的机智幽默；既有古代哲人的至理名言，又有现代大师的谆谆教诲；既有自然科学各个领域的有趣知识，又有社会科学各个方面的启迪与感悟。笔触所及，涵盖了家庭教育、学校教育和社会教育的各个侧面以及教育教学工作的各个环节，全书立意深邃，观念新异，内容翔实，切合实际。

我们深信：广大中小学师生经过不平凡的奋斗历程，必将沐浴着时代的春风，吸吮着改革的甘露，认真地总结过去，正确地审视现在，科学地规划未来，以崭新的姿态向和谐校园文化建设的更高目标迈进。

让和谐校园文化之花灿然怒放！

本书编委会

目 录

第一章　艺术的起源和发展

一、什么是艺术

通俗的理解即反映当地社会生活,满足人们精神需求的意识形态为艺术。换而言之,艺术是通过塑造形象,满足人们精神需求以反映社会生活的意识形态。

可以说艺术是一种文化现象,绝大多数是为了满足人们情感上的不断需求,也是我们日常生活中进行娱乐活动的特殊方式。它的根本是在于通过各种不同艺术手段,不断地创造新兴之美,借此宣泄内心的强烈欲望与诸多情愫,它既源于生活,又高于生活,所以说它是浓缩化和夸张化的生活。比如文学、绘画、书法、雕塑、建筑、音乐、舞蹈、戏剧、电影、电视等,这些都是可以表达美的事物或行为的方式,都属艺术。

二、艺术的起源与发展

甲骨文、金文的"艺"字埶,像一个人双手捧着一棵树苗,树下有土,表示种树于土之义。它的本义为栽树,泛指种植。种植在古代可以说是一种非常重要的生活技能。《后汉书·伏湛传》中曾有这样的记载:"永和元年,诏无忌与议郎黄景校定中书五经、诸子百家、艺术。"李贤注:"艺谓书、数、射、御,术谓医、方、卜、筮。""后汉为方术,魏为方伎,晋艺术焉。"清代袁枚于《随园随笔·梁陈遗事出〈广异记〉》有言:"庾肩吾少事陶先生,颇多艺术,尝盛夏会客,向空大嘘,气尽成雪。"清代吴敏树《与筱岑论文派书》也云:"文章艺术之有流派,此风气大略之云尔,其间实不必皆相师效。"毛泽东于《在延安文艺座谈会上的讲话》中写道:"在现在世界上，一切文化或文学艺术都是属于一定的阶级，属于一定的政治路线的。"李二和的《流浪的梦》中说："艺术是人类生存状态的特殊显现和高度浓缩与提炼，是最终表达与揭示生命真谛的灵魂奇遇。"

（一）艺术起源说

有关艺术的起源问题学术界历来众说纷纭，这主要就是因为人们对人类早期的文化和艺术方面的历史资料知之甚少，但历史上的许多学者在这一领域进行了不断地探索和努力，还是产生了以下诸说：

（1）始于古希腊到文艺复兴直至 19 世纪末的"模仿说"。

（2）表现原始人类种族繁衍、延续生命的潜意识活动的"潜意识说"。

（3）以德国著名美学家席勒和英国学者斯宾塞为代表的"游戏说"。

（4）以英国诗人雪莱、俄国文学家托尔斯泰等为代表的认为艺术起源于人类表现和交流情感的需要，是艺术发生的主要动因的"表现说"。

（5）西方关于艺术起源的理论中最有影响、有势力的"巫术说"。

（6）我国文艺理论界占据主导地位的认为艺术起源于生产劳动的"劳动说"或"实践说"等等。

这些艺术起源说，从不同的角度提出了各种关于艺术起源的依据和表现形式。对我们了解艺术和进行艺术教育有着重要的借鉴及参考价值。

（二）艺术的含义和范围

其实艺术的含义和适用范围，在东西方是有着一定的差异的。西方艺术起源于古罗马的拉丁文"art"，原义是指相对于"自然造化"的"人工技艺"，泛指各种用手工制作的艺术品以及音乐、文学、戏剧等，当时广义的"art"甚至还包括制衣、栽培、拳术、医术等方面的技艺。在古希腊，艺术的概念仍然是与技艺、技术等同的，但当古希腊的绘画与雕塑在公元前5世纪发展到成熟阶段时，已经基本确立了一套古典美的标准，这就为日后艺术涵义的演变埋下了伏笔。直到文艺复兴时期，艺术逐渐与"美"等同起来，18世纪中期，基于美的艺术概念体系才正式建立，艺术成了审美的主要对象。我们知道，今天，英语中的"art"一词仍然是"艺术"的含义，它既可以用来指音乐、舞蹈、文学、戏剧、电影等其他各种艺术门类，有时又专门用来特指包括绘画、雕塑、工艺、建筑在内的视觉艺术。其后，中国的文艺界、教育界认为"艺术"是一切艺术门类的总称，它是用不同的形象化手段来反映自然和社会，表现人类情感的一门大人文学科，它包罗了美术、音乐、诗歌、舞蹈、书法、戏剧、电影、电视等在内的很多表达情感的形式，也包括服饰、园林等，因此范围极其广泛。

（三）艺术的种类

艺术的种类繁多，根据不同的分类标准，可将艺术分为以下一些类型：

美术（绘画、设计、雕塑、建筑）、音乐（声乐、器乐、舞蹈）、播音主持、表演、戏剧等都是属于艺术类的。艺术类形态也有很多，主要分为静态艺术和动态艺术两大类别。

依据艺术形象的存在方式，艺术可分为时间艺术、空间艺术和时空艺术。美术是一种空间艺术。

依据艺术形象的审美方式，艺术可分为听觉艺术、视觉艺术和视听艺术。音乐是一种听觉艺术，美术是一种视觉艺术。

依据艺术的物化形式，艺术可分为动态艺术和静态艺术。美术主要是一种静态艺术。

依据艺术分类的美学原则，艺术可分为实用艺术、造型艺术、表演艺术、语言艺术和综合艺术。美术是一种造型艺术。

依据艺术形象的表现方式,艺术可分为表现艺术和再现艺术。美术中既有表现性的,也有再现性的。

一般来说,根据表现手段和方式的不同,艺术可分为:表演艺术(音乐、舞蹈等)、视觉艺术(绘画、摄影等)、造型艺术(雕塑、建筑艺术等)、视听艺术(电影,电视等)、语言艺术(文学等)、综合艺术(戏剧等)。

比较新的分法,则根据时空性质将艺术分为:时间艺术、空间艺术、综合艺术、电脑艺术。

电脑艺术是指以电脑科技为基础、艺术与电脑技术相结合的一种崭新的艺术创作手段。凡是一切与电脑有关的艺术创作也可以叫CG,CG包括二维的、三维的,静止画、动画(movie),从自由创作、服装设计、室内设计、景观规划设计、工业设计、电视广告(CM)到网页设计,可谓包罗万象。

(四)有关艺术流派

由于不同的社会历史时期,人的价值关系有着不同的基本特性,用以反映时代价值关系的时代艺术也将表现出不同的基本特性,从而产生不同的艺术思潮和艺术流派。所谓艺术流派是指在中外艺术的一定历史时期里,由一批思想倾向、美术主张、创作方法和表现风格有很多相似或相近的艺术家们所形成的艺术派别,统称艺术流派。就其时代与表现形式可分为:

(1)原始艺术与现代艺术

原始艺术具有生硬性、纯真性、力感性和野性,这既是因为原始价值关系通常是低级、粗浅、简单、直接和本能的,又是因为当时人的认识能力非常有限,只能采用粗浅、简单、直接和机械的艺术形式来反映和描述周围存在的客观事物。原始艺术是人类艺术发展史的早期阶段。它无拘无束,模仿简单纯粹,有抽象、简约、程式化的艺术特点。每个时期的艺术作品都记录着一段历史,带有一个时代的烙印,反映一代人对美的追求。原始艺术作为艺术史的开端,虽然简单中带有一些笨拙,纯真中带有一些野性,但是它却记录了人类最初的思维活动,也反映了人类生存发展中的聪明才智。

现代艺术具有高级性、细腻性、复杂性和理智性,这既是因为现代的价值关系通常是高级、深刻和复杂的,又是因为人们的认识能力不断提高,可以采用高级、深刻、复杂和辩证的艺术形式来反映和描述周围存在的客观事物。现代艺术的创作,与科学思想密不可分,也可以说是科学和艺术联手的结果。

(2)现实主义与浪漫主义

现实主义就是以事物的存在状态为基本视点,来观察和分析事物的运动与发展变化规律;浪漫主义就是以事物的联系状态为基本视点,来观察和分析事物的运动与发展变化规律。这两者有着不同的侧重点:前者重视现实状态,后者重视联系状态。

现实主义通常着眼于事物的具体性和特殊性,只能认识具体的、个别的事物,不能认识抽象的、普遍的事物。浪漫主义通常着眼于事物的抽象性和普遍性,并对事物进行抽象和归纳处理,各种浪漫主义艺术形象具有一定程度的自主性和随意性,它撇开现实生活的具体形式、具体内容,而不受具体逻辑条件的约束,把一些粗俗的、低级的东西忽略掉,揭示人类心灵深处最深刻和最富暗示性的东西,使艺术创作变成一种创造性的冒险历程。

在原始社会,人的生存完全依赖于自然环境,人只能被动地适应世界,人的价值关系是简单而稳定的,只需要通过直观感觉就可以反映出来,这时最为有效的艺术方式就是以事物的存在状态为基本视点的现实主义。随着社会生产力的发展,人对于自然环境的直接依赖性逐渐减弱,人不仅能主动地适应世界,而且能积极地改造世界,人的价值关系发展成为复杂的、多变的价值关系,需要通过逻辑思维才能准确地反映出来,这时最为有效的艺术方式就是以事物的联系状态为基本视点的浪漫主义。

当社会处于快速发展的状态时,人的价值关系也处于快速发展之中,这时浪漫艺术较为流行;当社会处于相对稳定的状态时,人的价值关系也处于相对稳定之中,这时现实主义艺术较为流行。不过,艺术的发展与它所反映的价值关系的发展往往是不同步的,通常要滞后一段时间,因此艺术的思潮和流派通常要相对滞后于它所反映的价值关系的发展步伐。

(五)艺术欣赏与传播

所谓的艺术欣赏就是对艺术作品由接受到感知,再到体验、理解,一直到想象、再创造等一系列综合的心理活动,它是人们以艺术形象为对象,通过艺术作品获得精神上的满足和情感上的愉悦的审美活动。

所谓的艺术传播,它是指借助于一定的物质媒介和传播方式,将艺术信息或作品传递给接受者的过程。以往从艺术作品到艺术欣赏,绝大多数是采用简单的、直接的传播方式,传播的意义也并未引起人们的关注。这主要是由于生产力水平及科技水平的局限，致使传播功能落后，未能对艺术活动产生较大的影响。而在近百年来，尤其是近几十年来，世界科学技术的迅速发展对于艺术活动产生了巨大影响。电子技术、卫星技术、计算机技术、3D技术等高新科技的发展以及在文化艺术领域的

纸雕艺术

广泛应用，艺术传播方式和功能也由此获得重大进展。它不仅使影视艺术成为当今最具有大众性的艺术样式，同时也将其中许多表现形式和传播方式融入到其他艺术样式中，视像技术的优越性得到充分的体现。艺术传播在当代艺术活动领域，已经显示出越来越重要的作用和地位，对于艺术品的传播形式、规模、速度、周期、增值量大小，以及对于接受者的接受方式、欣赏情趣等，都具有极大的影响。

第二章　中小学艺术教育的目标与现状

一、中国中小学艺术教育的目标和现状

艺术教育是素质教育的一个重要组成部分,艺术教育的质量如何,直接关系到学校美育实施的效果,加强学校艺术教育是全面推进素质教育的客观要求。可以说,艺术教育是一种实践性、参与性、感染性很强的教育活动。它主要包括三个方面:一是艺术课程教学;二是课外、校外艺术教育活动;三是校园文化建设。这三个方面是相辅相成的,它们共同发挥着显性和隐性的育人作用。因此说,素质教育的实施为学校艺术教育的发展开辟了广阔的前景,艺术教育正面临着建国以来难得的机遇。

新中国艺术教育历程,六十多年来,可以说是风雨兼程,历尽曲折,一步步走向成熟。这其中一个十分重要的标志就是,艺术教育成为学校美育的重要内容和主要途径,它的地位随着美育在学校全面发展艺术教育中的初步确立而确立,就这一点而言,既是新中国艺术教育六十多年

得以稳步发展的基本前提，也是新中国学校艺术教育发展的重要标志。因此，我们有必要回顾一下美育地位初步确立的历史轨迹。

（一）中国艺术教育的传统历史

中华民族自古以来就有重视美育和艺术教育的优良传统，作为文明古国，我国素以"礼乐之邦"的美名而著称于世。早在先秦时期，从孔子的"兴于诗，立于礼，成于乐"，到孟子的"性本善，善即美"，再到荀子的"夫声乐之入人也深，其化人也速"。许多思想家、教育家对礼乐的教育作用，特别是艺术教育的作用都有精辟的阐释。这些思想，我们可以在我国最早的音乐著作《乐记》中找到全面的阐述。这部书深刻阐述了艺术的社会功能和美育功能，指出"乐"和"礼"协同互补，并及时协调社会的因素、改善生活的动力，艺术教育思想，经过历代思想家、教育家的传承和发展，以及官学与私学的艺术教育实践，便形成了我国古代重视美育和艺术教育的传统。

1840年鸦片战争的炮火，打开了帝国主义进入中国的大门，也使得西方文化乘虚而入，中国的艺术教育也由此进入了一个新的历史时期。明代开始到19世纪末，尤其是1900年前后，西学东渐，西方艺术教育思想与体系已开始渗透到我国半殖民地半封建教育体系之中。这一时期，一些著名的思想家、教育家大力宣传和倡导美育和艺术教育，这无疑对我国近代学校艺术教育的发展产生了重要影响。梁启超认为：美是人类生活最重要的因素，因此应该大力提倡审美教育，审美教育的实质是情感教育，而"情感教育最大的利器，就是艺术"。王国维发表《论教育之宗旨》，在我国最先提出"美育"一词，把美育和德、智、体三育相提并论。他首创"美育说"，力图解决国民精神层次匮乏的问题，并努力保持美育与艺术教育的独立价值。如果说王国维首开现代美育之先河，那么对中国现代美育和艺术教育作出最重要贡献的便是著名教育家蔡元培。

1912年，蔡元培提出了《对于教育方针的意见》，并且把美育提高到前所未有的重要地位；1922年他又发表了《美育实施的方法》，详细介绍了从胎教院的艺术教育到学校和社会美育的一系列具体方法；为了使美育和艺术教育获得独立地位，而不是附丽于宗教，受宗教之累，失其陶养的作用，蔡元培还提出了著名的"以美育代宗教说"。也就是在这一时期，一批有识之士趁新文化运动的潮流，借蔡元培的巨大声望，着手进行美育和艺术教育的实践活动。其中一个重要举措就是成立中华美育会，同时创办《美育》月刊，在这之后又创办《美育》杂志。中华美育会以及两本《美育》刊物，团结了大批热衷于艺术教育的仁人志士，他们为艺术教育奔走呼吁，并积极地从事艺术教育的实践，这一切为艺术教育进入我国新式学校教育体系起到了十分重要的作用。

我国新式的完整的学校体系始于1902年。自1903年清政府颁布《奏定学堂章程》至1911年清朝覆灭，在这一时期，手工、图画、音乐等艺术课程只是作为"随意科目"被先后增设。1912年1月中华民国成立，教育部随即颁布了《普通教育暂行课程之标准》。该《标准》规定初等和高等小学应"视地方情形"加设图画、手工、唱歌一科或数科。1923年，刘海粟等艺术教育家参与审定新学制，经过激烈的辩论之后，终于把艺术列为中小学的必修课。与此同时，中国共产党领导下的革命根据地教育，在物质条件十分艰苦的情况下，对美育和艺术教育给予了尽可能的重视,各级学校普遍开设了音乐、美术、戏剧等艺术课程。中国共产党领导下的革命根据地的艺术教育,为新中国艺术教育事业的起步与发展积累了可供借鉴的经验,为新中国美育和艺术教育的地位的基本确立奠定了一定的基础。

(二)建国后艺术教育目标的确立与实施

中华人民共和国的成立,使得中国教育的历史又翻开了新的一页。美育和学校艺术教育也从此进入了一个崭新的发展时期。共和国六十多年美育与艺术教育的地位的变迁历程,既是稳步前行的,也是艰难曲折的。它大致经历了如下四个阶段:

第一阶段:从有到无——美育地位的削弱。

自新中国成立,到"文化大革命"结束,美育的地位从有到无,逐步削弱。

1951年3月,教育部召开了第一次全国中等教育会议,会议提出了普通中学的宗旨和培养目标:"使青年一代在智育、德育、体育、美育各方面获得全面发展,成为新民主主义社会自觉的积极成员。"这是新中国在有关教育方针中正式提出使"学生全面发展"的问题,并且明确了美育是学校教育中的一个有机组成部分。1952年,教育部先后颁布了《小学暂行规程(草案)》《中学暂行规程(草案)》《幼儿园暂行规程(草案)》《师范学校暂行规程(草案)》等文件,这些文件都规定对学生实施智育、德育、体育、美育全面发展的教育,并提出了美育和艺术教育的具体目标。这样,与"学生全面发展"相适应的"全面发展教育"就被正式提出来了。1954年2月,周恩来总理在政务会议上强调,"我们向社会主义,共产主义前进,每个人要在德、智、体、美方面全面发展"。1955年5月,国务院召开的全国文化教育会议重申,提高中小学教育的质量必须贯彻全面发展的方针,注意使学生在智育、德育、体育、美育诸方面全面发展。由此可见,解放初期,"全面发展教育"就是我国教育的基本方针,美育则是

"全面发展教育"的一个有机组成部分,可以说这一指导思想一直贯穿于整个过渡时期的学校教育。

美育何以成为学校全面发展教育方针中的一个有机组成部分呢?对于这个问题,1955年教育部副部长柳湜在《关于全面发展教育方针的报告》中进行了阐述。他指出:美育能培养出青年、儿童对美好东西的热爱,对美好未来的热爱和有信心、有能欣赏艺术作品,并对艺术有感情和创造的能力。马克思说:"你如果愿意生活在艺术的生活当中,则你必须有欣赏艺术的能力和兴趣。"这足以说明要使自己的生活受到艺术的熏陶,就要从小培养。柳湜强调:美育不仅能培养学生对美的热爱,也能培养他们对不好的、丑的憎恶,所以,在美育中能进行很好的政治思想教育。

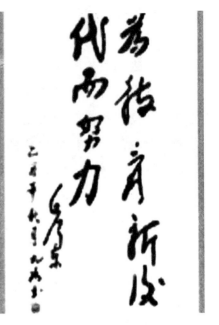

在新中国成立初期,不仅确立了美育在全面发展教育中的地位,而且也确定了美育的任务和目标。在教育部先后颁布的各级学校暂行规程中,明确了幼儿园和各级各类学校的培养目标是"实施智育、德育、体育、美育全面发展的教育",并具体规定了各级各类学校的美育目标和任务。在《幼儿园暂行规程(草案)》中,规定幼儿园的美育目标与任务是"培养幼儿爱美的观念和兴趣,增进其想象力和创造力";《小学暂行规程(草案)》规定小学美育的主要目标与任务是"使儿童具有爱美的观念和欣赏艺术的初步能力";《中学暂行规程(草案)》规定中学美育的目标与任务是"陶冶学生的审美观念,并启发其艺术创作能力"。很显然,上述规定,既考虑了美育共性方面的要求,也考虑了不同教育阶段对美育的不同要求。而且其目标的确立具有两个突出特点：

第一，重视艺术审美兴趣和正确审美观念的培养；

第二，注重通过美育增进学生的想象力和创造力。

美育的目标并不是局限于艺术本身，而是着眼于通过艺术培养具有高尚审美情操和创造性全面发展的人才。不幸的是，新中国成立初期，美育作为全面发展教育的组成部分，在1957年之后相当长的一段时间内被削弱直至丧失。

1957年2月，毛泽东在《关于正确处理人民内部矛盾的问题》的报告中明确提出了社会主义教育方针，即"我们的教育方针，应该使受教育者在德育、智育、体育几方面都得到发展，成为有社会主义觉悟的、有文化的劳动者"。毛泽东代表全党提出的上述社会主义教育方针，有着鲜明的现实性、针对性和时代特性。应该说，在当时的历史条件下，这是对马克思主义教育学说的一个继承和发展。但是，任何教育方针都可能带有一定历史条件的特殊性和局限性，其中最明显的局限是由于关注点是当时教育领域中的实际问题，而忽视了教育自身的发展运行规律。正因为如此，本应属于学校教育有机组成部分的美育，在全面发展教育方针的表述中被忽略了。

美育在教育方针表述中的突然消失，引起了广大教育工作者特别是美育工作者的困惑。绝大多数人都认为美育不能提了，或者认为美育被包括在德育、智育、体育里面而无需单独提出。为了澄清这个问题，在当时哲学界开展美学问题讨论的直接影响下，1961年5月，《文汇报》编辑部组织了一次关于美育问题的大讨论。参加这次讨论的主要是上海教育学、心理学界的学者。广州等地也开展了讨论，讨论时间前后延续了一年多。在讨论中，大家对美育、艺术教育在学校教育中的重要性的看法是完全一致的。争论的焦点是：从理论的角度看应不应该把美育作为全面发展教育的组成部分。

在这次讨论中，一种意见认为：美育应作为全面发展教育的组成部分。因为：

第一，美育具有特殊的作用和任务，它的作用和任务可以在其他三育中发挥和完成一部分，但不可能充分的发挥和全部的完成，除非把美育确定为全面发展教育的组成部分之一。

第二，一个儿童对美的欣赏能力不是自发形成的，必须经过长期的有意识的培养和指导，将美育单独列为组成部分，可以使教师在教学中树立美育观点，有利于全面发展教育。

第三，美育是人类历史的产物，它虽经过了漫长的历史道路，但从来就是学校教育的一个组成部分。

第四，把美育列为全面发展教育的一个组成部分，能深化德育、智育、体育，有利于三育的进行。

第五，随着生产力水平的提高，文化艺术的繁荣，人民生活的改善，美育的地位将提高到人类历史从来没有过的高度，将它列为全面发展教育的组成部分，完全是必要的。

第六，如果说美育的工作在德、智、体三育中已经贯穿了，不必另提，这是把普遍性与特殊性混同起来了。

另一种意见则反对把美育列为全面发展教育的组成部分。持这种观点的人提出来以下几条理由：

第一，德育、智育、体育这三方面都包含了美育，德、智、体兼备就是完美的人，美育离开德、智、体就成了抽象的东西。

第二，美育主要是具有工具的性质，也就是说是手段。不应把手段作为培养目标而提出。

第三，美育的任务，如果作为文化修养来说，是具有培养目标的因素，但不是主要的，它可以通过德育、智育、体育几方面的教育来实现。

第四，全面发展就是美，全面发展的人就是又红又专、体力劳动和脑力劳动结合的最完美的人,不把美育单独提出来也无损全面发展教育的完整性。

除了上述两种针锋相对的观点外,在这次讨论中还出现了第三种意见。持这种意见的人认为,美育要不要特别标出作为全面发展教育的组成部分,主要看现阶段革命形势的需要。如当前革命需要强调美育,就应明确标出;如不必强调,就不标出。而不明确标出并不等于全面发展教育中没有美育。

尽管这次讨论在当时的学术界具有一定的冲击力,曾对美育和艺术教育事业的发展进程产生过积极的影响,但学术研讨毕竟只能在学术范围内对人们的思想观念产生一定的影响,但它不可能从根本上改变当时学校美育和艺术教育所处的极度窘迫的地位。1964年全面开展了对"现代修正主义"的批判,在教育领域批判"红专"、"爱的教育"的同时,也批判了主张把美育列入全面发展教育组成部分的观点。在接下来的"文化大革命"中,美育更是被当作"封资修的黑货"而遭到了彻底否定,美育在学校教育中的地位也彻底丧失。

第二阶段:拨乱反正——美育地位的回归。

自十一届三中全会的召开,到20世纪90年代初期,美育的地位经历了拨乱反正而逐步回归。

"文化大革命"结束后,特别是十一届三中全会以后,通过拨乱反正,学校的教学秩序恢复了正常,学校教育也开始走向正轨,学校也开始重视智育,加强德育,恢复了体育。在这一历史转折时期,重新认识和确立美育在全面发展教育中的作用与地位成了广大美育人士和艺术教育工作者的重要使命。此时,许多艺术界的知名人士为恢复美育在教育教学中的地位,积极撰文呼吁也发挥了十分重要的作用。

1979年10月,贺绿汀在《文汇报》发表《对目前音乐教育的设想和建议》的文章中指出:"目前一般学校把音乐课作为装饰,看作可有可无……像这样不正常的状况,当然不应该无止境的拖下去。我们必须全力实现四个现代化,其中最关键的问题就是加速培养科学技术人才……但是人民的文化艺术修养也不能完全忽视。人们必须有正当的文化娱乐,要有一定的政治思想水平和文化艺术修养,否则我们的后代会变成没有灵魂的科学匠人。"

1982年,赵沨在《人民音乐》第一期发表《对普通音乐教育的一些建议》一文中指出:"十年动乱期间,国民教育中的美育被破坏殆尽,音乐教育可以说是已经被破坏到完全摧毁的程度。""音乐教育作为美育的重要组成部分,为历代教育家所重视,古今中外皆然。"进而他又提出,目前"最根本的问题,是统一对美育的认识。美育不仅和德、智、体全面发展相辅相成,而且有德、智、体所不能代替的作用。它既是全民族科学水平普遍提高的重要标志,也是培养青少年和幼儿身心健康、人格健康的重要手段,应该受到应有的重视"。

1982年,攀奇在《人民音乐》第三期撰写文章呼吁:"为了使千千万万少年儿童在德、智、体、美方面得到全面的发展与健康成长,为了给建设社会主义高度精神文明打下良好的基础……我们十分希望我国最高教育部门和各有关领导,把重视美育、重视音乐教育的理论和大家的不断呼吁尽快的变成现实。"

1982年11月,张枚、姚思源、赵宋光联名在《人民日报》上发表的《移风易俗莫善于乐——论美育在建设社会主义精神文明中的作用》一文中指出:"良好的美育是一种高尚的文化教育,它通过美感的感染力,丰富人民的精神生活,提高人民的文化水平,提高人民对美与丑的识别能力,培养人民对音乐的欣赏力和理解力。""为了确立美育在国民教育中的独立地位,使之能在建设社会主义精神文明中充分发挥其作用,我们建议将国家培养青年、少年、儿童在德育、智育、体育、美育等方面全面发展,作为今后我们的教育方针。"

1985 年 9 月,中国音乐家协会在北京召开第四次代表大会。在这次会议上,音乐家们对当时我国学校音乐教育的落后状况表示极大的关切,会后由姚思源执笔,吕骥、贺绿汀、李焕之、李凌、赵沨、缪天瑞等 37 位全国著名音乐家联名发出《关于加强学校音乐教育的建议书》。该《建议书》指出:多数地区学校的音乐教育仍然十分落后,教育质量很低,问题严重。为此,他们向党中央、向全社会、向教育主管部门呼吁,希望迅速采取有效措施,尽快改变我国普通学校音乐教育严重落后的局面。《建议书》呼吁:"应尽快在我国的教育工作方针、指导思想、政策法令中,确立美育在国民教育中应有的地位和任务,明确提倡与重视美育;国家教育委员会和地方教育主管部门,采取有效措施,使各级教育领导干部,以致学校校长、教导主任等重视美育,并提高他们对艺术教育的领导水平。"《建议书》在全国各大报刊发表后,社会反响强烈,其中所提出的数条建议后来均被教育部采纳,它在拨乱反正、恢复学校美育与艺术教育的地位上发挥了重要作用。

艺术家们为恢复美育地位的呼吁,引起了各方面尤其是有关领导的关注。1979 年 5 月,教育部副部长张承先生在接受《人民音乐》记者的采访时强调,音乐和美术是美育的重要手段,德、智、体三方面也包含着美育的成分,美育贯穿在德、智、体的教学过程之中,也是培养学生德、智、体全面发展的重要组成部分。1980 年 1 月,教育部部长蒋南翔在答《中学生》记者问时重申:"我们主张德、智、体、美全面发展。"他还批评了当时有的初中没有设音乐课和美术课,使学生接触不到音乐和美术的现状。文化部部长周扬在 1979 年 10 月召开的全国文学艺术工作者第四次代表大会的报告中也对美育的作用给予了充分的肯定,认为在社会主义制度下,美育是培养共产主义道德和情操的有力手段。他要求文联各协会应协助教育部、文化部、共青团中央加强对中小学生的美育教育。在 1980 年召开的音乐创作座谈会上,周扬进一步提出:"应该把美育列入课程计划,使之成为教育的一个重要组成部分。"

可以说,艺术家的强烈呼吁和有关领导的关注,为美育地位的恢复营造了积极的舆论氛围,奠定了较好的基础。

1985 年 5 月,党中央、国务院在北京召开了改革开放以来的第一次全国教育工作会议,会议的中心议题是讨论《中共中央关于教育体制改革的决定》。虽然会议没有具体提到美育问题,但美育作为整个教育事业的组成部分之一,其命运是与整个教育事业的命运紧紧地连在一起的。从这个意义上讲,这次全国教育工作会议所确立的宏观教育体制改革以及教育思想的大解放,为逐渐恢复美育与艺术教育在学校全面发展教育中的地位提供了政策上、思想上的保证,使得在此之后的较短时间内,美育地位的恢复成为了可能。

1986 年 3 月,第六届全国人大第四次会议《关于第七个五年计划的报告》中指出:"各级各类学校都要认真贯彻执行德育、智育、体育、美育全面发展的方针,并根据各自的特点适当加强劳动教育。"同年 4 月,国务院副总理兼教委主任李鹏在关于《中华人民共和国义务教育法(草案)》的说明中重申:"在中小学教育中,应当贯彻

德、智、体、美全面发展的方针,适当进行劳动教育,使青少年儿童受到比较全面的基础教育。在不断提高语文、数学等科目的教学水平的同时,还要注意加强音乐、美术、体育等科目的教育,培养中小学生的高尚情操和品质,为中小学生的文化素养和身心健康的全面发展打下良好的基础。"在六届人大四次会议上,国务院制定颁布的《中华人民共和国国民经济发展和社会发展第七个五年计划(1986~1990)》中也明确规定:"各

级各类学校都要加强思想政治工作,贯彻德育、智育、体育、美育全面发展的方针,把学生培养成为有理想、有道德、有文化、有纪律的社会主义建设人才。"

此后,在 1986 年 8 月,国家教委副主任何东昌在中国高等教育学会音乐教育协会成立大会上提出了"没有美育的教育是不完整的教育"的论断,这句话集中概括了拨乱反正时期教育部门领导对美育性质与作用的高度认识。同年 12 月,国家教委副主任彭佩云在第一届国民音乐教育改革研讨会开幕式、闭幕式上讲话,皆强调了美育是学校教育不可缺少的部分。她指出:"德育、智育、体育、美育是互相参透、互相结合、互相促进的。美育应该渗透到学校的全部工作过程中去。但是,美育有自己独特的功能,它教育人们树立正确的审美观念,激发人们对美的爱好与追求。因此它是德育、智育、体育无法代替的。"在随后召开的国家教委艺术教育委员会成立大会上,彭佩云进一步指出:"美育是社会主义精神文明建设的重要组成部分,它在精神文明建设中起着重要的作用。在各级各类学校中加强美育是时代的要求,是教育面向现代化、面向世界、面向未来,培养有理想、有道德、有文化、有纪律的社会主义新人的需要。美育不仅可以促进学生德、智、体的发展,还具有自己独特的功能。它教育学生树立正确的审美观念、审美情趣,系统的传授审美知识,培养审美能力,激发学生对美的爱好与追求,因此它是德育、智育、体育所不能代替的。"

党和政府重提美育,使美育重新与德育、智育、体育一同成为学校教育的一个重要组成部分,学校艺术教育迎来了改革开放以来的第一个春天。

为探讨在新的历史条件下学校美育工作的规律和途径,推进学校美育实践,营造良好舆论环境,提高人们对美育重要性的认识,这一时期,有关方面举行了多次美育研讨会。

1986 年 10 月,中国音乐家协会、音乐教育委员会与《光明日报》联合召开美育座谈会。随后,《光明日报》发表了《推进审美教育的发展》的评论员文章。文章中指出:在全民中开展审美教育是精神文明建设的一项重要内容,是提高民族素质的一项重大举措。美育的任务绝不仅仅是为了培养几名艺术家,而是要造就具有敏锐的审美能力、高尚的情趣和道德修养以及广博知识的一代新人。学校美育是审美教育的基础,应采取切实措施,扭转轻视美育的倾向。

1988 年 8 月,国家教委职业技术教育司在九江船舶工业学校召开了"全国中等专业学校美育座谈会"。会议认为,美育是人类完善自身、造就完善人格、实现"优美的灵魂"的人类工程学;它是学校全面贯彻党的教育方针,培养德、智、体、美全面发展的、有理想、有道德、有文化、有纪律的中等专门人才的重要组成部分;它与德育、智育、体育是并列的,对于培养学生健康的审美意识、提高审美能力、陶冶高尚的道德情操、增强爱国主义感情、促进智力与非智力因素全面和谐的发展都具有特殊的作用。因此,在中等专门人才培养的整个过程中,美育既是必不可少的,也是不可代替的。

1989 年 9 月,国家教委社会科学发展研究中心召开美育专家座谈会,探讨美育、艺术教育在改革开放,经济、文化急剧变革的新形势下的地位与作用以及自身定位的问题。在这次座谈会上,专家们普遍感到虽然这几年"没有美育的教育是不完全的教育"的观点越来越为教育界的人士所认同,但有些教育部门的领导干部对美育和学校艺术教育还认识不足,他们往往把美育仅仅当做一门艺术技巧课,并没有提高到人生哲学的高度来理解美育,没有看到美育对人的价值观、世界观、人生理想有着重要的作用。为此,与会专家认为,为了提高人们对美育、艺术教育重要作用的认识,应迅速开展美育和艺术教育的科学研究。

所有这一切,在理论上进一步论证了美育的独特作用,对美育在教学中地位的逐步确立产生了积极的推动作用。

第三阶段:重要决策——美育地位的确立。

从《中国教育改革和发展纲要》的颁布到第三次全国教育工作会议的召开,美育作为学校教育有机组成部分的地位得到基本确立。

1993年2月,中共中央、国务院颁布了《中国教育改革和发展纲要》,它对于美育地位的确立与加强具有十分重要的意义。其中第三十五条规定:"美育对于培养学生健康的审美能力,陶冶高尚的道德情操,培养全面发展的人才,具有重要作用。要提高认识,发挥美育在教育教学中的作用,根据各级各类学校的不同情况,开展形式多样的美育活动。"这是党中央、国务院第一次在国家颁布的教育法规中以专条的形式论述美育在学校教育中的作用,强调了美育在学校教育中的地位。这一重要举措为开创我国美育与学校艺术教育的新局面提供了理论上、政策上的保障,并预示着美育将有幸成为第二年召开的全国教育工作会议的议题之一。

1994年6月,中共中央、国务院在北京召开改革开放以来第二次全国教育工作会议。这次会议的主题是进一步动员全党、全社会认真实施中共中央、国务院发布的《中国教育改革和发展纲要》,确立教育优先发展的地位。在这次全国教育工作会议上,美育被列入会议议题,中央领导的讲话都包含了美育的内容。国务院总理李鹏在会议的主报告中指出:"中小学的美育(包括音乐、美术、劳动等)对全面提高学生素质,陶冶学生情操,培养全面发展人才具有重要作用,应该切实加强。不仅小学、初中要开好音乐、美术等课程,高中、大学也应开设艺术欣赏课,教会学生欣赏音乐、舞蹈、戏剧、美术、书法等等,并掌握一定的技巧。但重点还是着力于陶冶情操,提高道德修养。"中央领导的上述讲话,既强调了美育的重要地位和作用,也提出了学校美育实施的途径与措施。

令人瞩目的是,这次大会还特别安排了国家教委艺术教育委员会委员周英昌作了"加强审美教育,培养全面发展的一代新人"的大会专题发言。这一举措,更充分表明党和政府高度重视学校美育与艺术教育工作,在教育界引起了很大反响。此后,各省、自治区、直辖市也分别召开教育工作会议,在大会发言中也同样安排了美育的内容。这就极大地鼓舞了学校美育和艺术教育工作者,为以后我国美育事业的发展和美育、艺术教育地位的稳步提高奠定了坚实的基础,并为在第三次教育工作会议中进一步确立美育在全面推进素质教育中的地位做了理论上的准备。

1995年6月,遵照中央领导关于要加强美育、艺术教育工作的有关指示精神,国家教委在北京举办了全国省市教委主任美育学习班。对于举办这次美育学习班的目的,国家教委主任朱开轩说,重视艺术教育应成为办好中国教育事业很重要的指导思想。通过举办学习班这样一种方式,来提高教育工作者特别是教育行政领导干部对美育、艺术教育工作重要性的认识。新华社、《人民日报》、中央广播电台、中央电视

高雅艺术能使学习更有实效,使思维更有创意,使工作更有效率,使领导更有艺术,使生活更有情趣,使人生更加丰厚。
题赠高雅艺术进校园活动
李岚清
二〇〇五年中秋

台等15家新闻单位对这次美育班做了宣传报道,使这次美育学习班在教育领域乃至全社会都引起了强烈的反响。在第一次全国省市教委主任

美育学习班获得成功的基础上,教育部于1996年在四川温江召开的第二次全国学校艺术教育工作会议期间,又举办了第二次全国省市教委主任美育学习班,它同样对促进美育观念的深入人心和我国学校艺术教育的发展产生了积极的影响。

特别值得提出的是,中央领导同志对美育与艺术教育工作的高度重视与大力支持,是这一时期学校美育和艺术教育发展过程中的一大特点,也是这一时期美育和艺术教育得以迅速发展的一个重要原因。

1994年4月,国务院副总理李岚清邀请国家教委艺术教育委员会的部分委员到中南海进行座谈,听取了艺术教育委员会委员对发展学校艺术教育的意见和建议。座谈会上,李岚清就有关美育和艺术教育发表了重要讲话。李岚清说:"美育是整个教育中不可缺少的部分,我国老一辈教育家蔡元培、陶行知先生等都非常重视美育,对美育有过很多论述。蔡元培主张'以美育代宗教',以陶冶人的情操,提高人的素质,可见美育之重要。"李岚清还特别就美育未在教育方针中明确表述是否意味着不

重视美育的问题做了解释。他强调指出："这里需要向同志们说清楚,美育是很重要的,少一个'美'字决不是中央不重视美育,中央和国务院是很重视的。美育应该贯穿于各级各类教育之中,从幼儿园、小学、初中、高中到大学,美育都是不可缺少的课程。"同年8月,李岚清在致国家教委艺术教育委员会换届会议的书面祝词中,重申了美育的重要性,并强调要加强学校艺术教育工作。他写到:"美育是教育中不可缺少的重要组成部分。它对于陶冶人的思想情操,提高人的审美情趣,促使人树立崇高的审美理想,具有其他教育所不可代替的作用。""艺术教育是学校实施美育的主要途径。近几年来,国家教委在加强学校艺术教育方面做了不少工作。但总的看来,艺术教育还比较薄弱,亟待加强。"

1995年6月,全国省市教委主任美育学习班在北京举办,李岚清向学习班致信表示祝贺。信中指出:"美育是贯彻德智体等全面发展教育方针的重要方面,是对青少年进行全面素质教育的重要内容。我国的学校美育和艺术教育,在党中央、国务院的关心、重视和各级教育部门的积极努力下,近年来有了较快的发展,取得了明显的进步。但是,在整个教育中,艺术教育仍然是薄弱环节,存在很多亟待解决的问题……这种状况和我国教育事业的发展以及社会主义现代化建设对人才的需求仍不相适应。为了贯彻落实《中国教育改革和发展纲要》,全面贯彻教育方针,培养面向21世纪全面发展的优秀建设人才,就必须重视和加强学校美育和艺术教育,将艺术教育作为由应试教育向素质教育转轨的重要途径之一。"

1997年8月,李岚清出席了"全国中小学优秀美术教师表彰大会暨国家教委艺术教育委员会专家讲学团成立大会"。在表彰大会和随后进行的座谈会上,李岚清又一次明确指出美育和艺术教育在教育中的重要地位。他说:"我国社会主义教育的根本目的,是要培养和造就有理想、有道德、有文化、有纪律,德、智、体等诸方面全面发展的一代新人。美育作为'全面发展教育'的一个组成部分,在我国教育中占有相当重要的地位,尤其是在目前教育由'应试'向素质教育转轨中,更有其特殊的意义。"

1997年11月,李岚清与部分音乐家座谈,从全面贯彻党的教育方针、提高大学生整体素质的高度,就加强高等学校美育和艺术教育工作、在高等院校提倡交响音乐的问题发表了长篇重要讲话。他说:"我们党的教育方针是要培养德、智、体等方面全面发展的社会主义建设者和接班人。这里的德育概念是一种广义的概念,包括他的理想、信念、价值观,包括道德品质,也包括美育等方面的修养;智主要是专业知识和能力方面的开发;体主要指体育和体制。要达到这样的要求,我觉得目前正在高等院校学习的青年在美育修养方面还需要补课。"

我们从中不难看出,李岚清关于美育和艺术教育的多次讲话,反应了党的第三代领导人对美育和艺术教育的深刻认识和高度重视,这无疑为确立美育和艺术教育在学校教育中的应有地位起到了关键性作用。

1999年2月,教育部紧急召集在京的艺术界、美学界、教育界的美育专家20余人召开美育研讨会,专门探讨美育的内涵及其表述问题。在这次座谈会上,专家们对美育地位的逐步确立和稳步提升深有感慨,一致认为这是改革开放后学校艺术教育不断发展的结果,是党和国家重视美育和艺术教育的结果,也是几代美育人和所有关心美育事业的人士不懈努力的结果,是众多人大代表、政协委员纷纷提出议案并呼吁"将美育写进教育方针"的结果。会议之后,形成了关于美育的性质、美育的功能、美育的实施等诸多问题的文字材料供中央有关部门参考。

1999年3月,国务院总理朱镕基在九届人大二次会议上所做的《政府工作报告》中提出:"大力推进素质教育,注重创新精神和实践能力的培养,使学生在德、智、体、美等方面全面发展。"这就预示着美育在学校教育中的地位将确立。

1999年6月,中共中央、国务院在北京召开了第三次全国教育工作会议。会议的主题是：动员全党同志和全国人民，以提高民族素质和创新能力为重点，深化教育体制和结构改革，全面推进素质教育，振兴教育事业，实施科教兴国战略，为实现党的十五大确定的社会主义现代化建设宏伟目标而奋斗。开幕式上江泽民总书记发表了重要讲话。他说："我们必须全面贯彻党的教育方针，坚持教育为社会主义为人民服务，坚持教育与社会实践相结合，以提高国民素质为根本宗旨，以培养学生的创新精神和实践能力为重点，努力造就'有理想、有道德、有文化、有纪律'的，德育、智育、体育、美育等全面发展的社会主义事业的建设者和接班人。"这就标志着美育正式成为党的教育方针中的一个重要组成部分。

这次全国教育工作会议颁布了《中共中央国务院关于深化教育改革全面推进素质教育的决定》（以下简称《决定》）。该《决定》的第一条和第二条，就实施素质教育的问题做了科学的表述。

一方面，素质教育就是全面贯彻党的教育方针，以培养实践能力为重点，造就"有理想、有文化、有素质、有纪律"的、德、智、体、美等全面发展的社会主义事业建设者和接班人。

另一方面，实施素质教育，必须把德育、智育、体育、美育等有机地统一在教育活动的各个环节中。学校教育不仅要抓好实践，还要使诸方面教育相互参透、协调发展，促使学生的全面发展和健康成长。《决定》中已经十分明确地把美育作为全面发展教育中不可或缺的组成部分，进而将其纳入到了素质教育的大范畴，并表明了美育是素质教育的重要途径和内容，同时又特别强调了美育对其他方面教育的渗透和影响。

《决定》的第六条还专门对美育和学校艺术教育问题做了科学全面的阐述。

首先，《决定》对美育的作用做了科学表述，即美育不仅能陶冶情操、提高素养，而且有利于开发智力，对于促进学生全面发展具有不可替代的作用。

其次,《决定》明确而具体地提出了学校美育的任务、目标及其实施途径,即尽快改变学校美育工作薄弱的状况,将美育融入学校教育全过程;中小学要加强音乐、美术课堂教学,高等学校应要求学生选修一定学分的包括艺术在内的人文学科课程;开展丰富多彩的课外文化艺术活动,增强学生的美感体验,培养学生欣赏美和创造美的能力。

再次,《决定》丰富和扩展了美育的内涵,把社会美育大环境纳入到了学校美育的范畴。

此外,《决定》还特别就美育的最薄弱环境——农村美育提出了要求:农村中小学要充分利用当地的文化资源,因地制宜地开展美育活动。

可以说,这次会议对美育的论述更具权威性、科学性、深刻性、全面性,对美育和艺术教育提出的要求也更为具体,可操作性更强。这充分说明,随着三次全国教育工作会议的召开,党和国家对美育、艺术教育的认识有了一次次的飞跃,美育、艺术教育在学校教育中的地位一步步地提高了。

第四阶段:规范发展——美育地位的巩固。

21世纪随着学校艺术教育的规范化发展,美育地位得到了进一步落实与巩固。

如果说1999年第三次全国教育工作会议在政策法律层面基本解决了美育的地位问题,那么,新世纪伊始,摆在我们面前的重要任务就是如何在教育实践中真正确立和落实美育应有的地位,使学校美育和艺术教育事业上一个新台阶。

2000年12月教育部在青岛市召开了全国学校艺术教育工作经验交流会。教育部部长陈至立在致大会的信中指出:"随着我国社会主义现代化事业和教育事业的迅速发展,美育在我国社会主义精神文明建设和学校教育中日益显示出其重要作用,从而也越来越受到党中央、国务院及各级党政领导干部的重视和全社会的关注。审美素质是人的综合素质的重要组成部分。艺术教育是美育最主要的组成部分，也是学校实施美育的主要形式和有效途径。加强学校艺术教育是深化教育改革，全面推进素质教育，培养面向21世纪高素质人才对我们提出的重要任务和迫切要求，是党和国家赋予我们教育工作者的神圣职责。"在这次会议上达成了以下几方面的共识：

第一，第三次全国教育工作会议明确将美育纳入到素质教育范畴，并正式写入国家的教育方针，确立了美育在教育中的地位。这对于学校艺术教育的改革和发展具有极其重要的现实意义和深远的历史意义，它预示着我国学校艺术教育从此进入了一个新的发展时期。

第二，美育对青少年树立正确的世界观、人生观、价值观具有独特的作用。

第三，培养创新精神是素质教育的重要内容和目标，同时也是美育的重要功能。

第四，加强美育已经成为我国21世纪经济发展的必然要求，是适应21世纪产业发展、新的形势的客观需要。

第五，学校美育工作包括的方面很多，而艺术教育则是学校实施美育的最重要的内容和途径。艺术教育是学校实施美育的最重要内容和途径，这是广大美育工作者的共识。然而，确立美育的地位，实现美育的目标，不能仅仅靠艺术教育，学校教育的方方面面必须重视美育，美育工作者都肩负着审美育人的责任。

美育地位的确立，为21世纪我国艺术教育的发展提供了法律上的保证，学校艺术教育由此也逐渐走上规范化、制度化的发展轨道。而作为美育的最重要方面，艺术教育的规范化发展，反过来也进一步稳固了美育在学校教育中应有的地位。因此，在2001年后，国家教育部制定了若干有关学校艺术教育的法规文件。

学校艺术节

2002 年 5 月,教育部印发了《全国学校艺术发展规划(2001～2010)》,该《规划》强调指出:新的形势对教育在培养和造就我国 21 世纪的高素质新人方面提供了新的、更迫切的要求。切实加强学校美育工作,是当前全面推行素质教育,促进学生全面发展和健康成长的一项迫切任务,是 21 世纪前十年我国学校艺术教育事业的发展蓝图。

2002 年 7 月,教育部发布《学校艺术教育工作规程》(以下简称《规程》),这是新中国成立以来制定颁布的第一个学校艺术教育法规。该《规程》明确提出:艺术教育是学校实施美育的重要途径和内容,是素质教育的有机组成部分。并强调通过艺术教育,使学生了解我国优秀的民族艺术文化传统和国外的优秀艺术成果,提高文化艺术素养,增强爱国主义精神;培养感受美、表现美、鉴赏美、创造美的能力,树立正确的审美观念,抵制不良文化的影响;陶冶情操、发展个性、启迪智慧,激发创新意识和创造能力,促使学生全面发展。

此后,教育部又陆续制定和下发了多个艺术教育文件。包括:《普通中小学和中等职业学校贯彻〈学校艺术教育工作规程〉评估(试行)方案》(2005 年 1 月)《关于加强和改进中小学艺术教育活动的意见》(2007 年 5 月)《关于进一步加强中小学艺术教育的意义》(2008 年 9 月)等。上述文件法规的制定颁布,不仅有力地推动了学校艺术教育健康稳定的发展,而且也落实和巩固了美育在学校教育中应有的地位。

2006年6月29日第十届全国人民代表大会常务委员会第二十二次会议通过的《中华人民共和国义务教育法(修订案)》第五章第三十四条明确规定:"教育教学工作应当符合教育规律和学生身心发展特点,面向全体学生,教书育人,将德育、智育、体育、美育等有机统一在教育教学活动中,注重学生独立思考能力、创新能力和实践能力,促进学生全面发展。"

学校艺术教育的发展,必须以美育地位的确立为前提。没有美育地位的确立和提升,就不可能有艺术教育事业的发展;而没有学校艺术教育这个主渠道,美育的实施就无所依托;没有新中国艺术教育事业所取得的令人瞩目的成绩,美育的地位就不可能确立和稳固。

综观我国美育与艺术教育的发展历史,可以说,美育地位的初步确立,不仅是党和国家重视美育和艺术教育工作的体现,也是人们对美育地位与作用的认识逐步深化的表现;不仅是新中国成立后几代美育人与关心美育事业的各界人士不断努力的结果,也是新中国学校艺术教育不断发展的确证,更是重视"美德"的中华民族的优良传统之使然。

二、日本中小学艺术教育的目标和现状

二战以后,日本开始学习美国的新教育思想,其表现为在学校制度、教育课程、教学方法等方面进行了全面改革。具体的做法是将学制改成美国式的"六、三、三"学制,杜威以来的美国进步的教育理论、教学方法等,毫无改变地被搬到日本教育里来。杜威提倡的通过生活经验,让儿童自己学习,重视儿童的自主性和创造性的理念,也影响了日本中小学艺术教育。日本文部省(1980年实施)制定了小学学习指导精神(目的任务):努力发掘每一个儿童独立思考的创造性智能和技能;营造轻松、活泼、充实的校园生活气氛;对孩子进行适合其个性和能力的教育。我们从大纲制定的教学目的来看,日本的艺术教育注重中小学生素质的培养,重视创造能力与评价能力,强调个性形成,注意与其他学科的相互联系,把艺术教育作为全面育人的重要组成部分,并将生活乐趣、艺术实践、社会服务三者统一起来。强调"进行适合每个人的教学",具有极强的针对性。这与日本从 20 世纪 70 年代初就开始倡导的尊重每一个个体,以人的个性、自由、自律为本的"人本主义"教育相一致。为此,70 年代初日本就兴起了"到达度"的课程评价,从

日本茶艺

单一的相对测验的观点转换为多方面的"到达度"评价的观点,同时要求课程目标多方面、多层次的具体化。因此,在指导要领的参考资料中,附有每个学科评价项目按学年加以具体化的表格,并制订出具体的"到达度"目标和评价基准,以学生实际达成目标的程度进行评价。这表明具体化的课程目标具有多样性特征。

(一)合理安排课程结构

从 20 世纪 90 年代初建立起的课程框架看,日本中小学课程主要由三大板块构成,即各学科教育、道德教育、特殊活动(初中还有选修课)。但从文部省有关的课程部门于 1997 年颁布的《日本教育课程基本方向(阶段总结概要)》中和 1998 年中小学新修改的课程计划中可发现,日本课程框架即将发生大的变化,要在原有板块基础上,新设置"综合学习时间"板块。"在新设置的'综合学习时间'中,可以根据各地区、各学校的实际情况,对国际理解及外语会话、信息、环境、福利等教学内容进行横向的综合学习"。可见,在基本保持原有课程框架的稳定性的前提下,为了适应国际化趋势、信息化社会、老年化社会以及对环境问题关注等现

状，日本新设置了"综合学习时间"。日本这种利用固定板块"综合学习时间"开设时代性课程的措施，对我们很有启示。无论开设多少新的、时代性的课程，都不能超过一定课时，有利于在增加科目时，不至于增加学生的负担。

为了适应国际化与信息化的挑战，调整了必修课与选修课的种类与比例，规定初中阶段要把英语和有关计算机的基础知识、基本技能作为必修课。在增加新的必修课的同时，又扩大选修课的范围及比重。这在初、高中有明显的表现。初中第二学年的选修课主要是音乐、美术、保健体育和技术、家庭等，第三学年所有的科目都可以作为选修科目。初中要逐年扩大选修课时，减少必修课时。高中应尽可能把必修课时限制在最小范围内，基本上以选修为主。可见，增加选修课的范围与比重已成趋势。但是，正如上述提到的，日本并非一味地把所有的科目都变成选修课，而是充分考虑各年龄段的特征，有区别地推行选修课制度。同时，也有重点地、有选择地设置新的必修科目，以满足时代需要。从而使课程结构更加合理。

（二）灵活、科学地设置课程

为了适应新形势的发展，日本不断调整课程设置，及时调整有关课程、课时。大家知道，日本是一个自然资源贫乏的小国，无论从资源、能源、产业、教育、文化等哪一方面来看，都不可能脱离国际社会而独立存在。为

此,日本开始大力加强外国语教育,强调国际理解与合作,积极面向世界,积极迈向国际化时代。在小学"综合学习时间"里,要使小学生接触外语,了解国外的生活与文化。初中英语变为必修课,把外语提高到与数学同等重要的程度(授课时数与数学一样)。为了适应信息化社会,增设"信息"教育,小学要达到了解的程度,初中作为必修课;高中要把"信息"这门学科摆在合适的位置。为了适应每周五天工作制,以及减轻学生过重的学业负担,平均每周削减两课时,全年减少70课时。

在日本,包括学校在内的种种场合的男女区别,使女性受到了歧视,日本社会歧视妇女的现象也较为严重。为了培养成熟的人权意识的相互尊重精神,日本不仅认识到国际理解、尊重的重要性,还认识到尊重社会弱者的重要性,因此,这次课程改革中也有所反映,即取消性别性教育课程。原先仅由女生修习的家政等课程,现在已明确规定所有学生,不分男女,一律修习。此举旨在培养男女携手,使家庭生活、社会生活更加美满的意识与态度,从而向日本社会中的大男子主义顽疾开刀。同样,原先仅由男生修习的课程,现在也不排除女生参与,这在一些职业课程中有所彰显。

日本是传统的中央集权制的国家,在课程设置上也有很深的烙印,但近些年日本一直致力于扩大地方分权运动,扩大地方、学校在课程设置方面的权限,从而使课程设置能够更加切合地方、学校的实际。日本教职员工会21世纪课程委员会指出:参与具体的教材开发、学校的例行活动、种种交流活动及校外活动,都应当靠各自独特的努力,并且呼吁所有学校都要积极投入到"以学校为基础的课程开

发"的活动中。各学校还可根据其特色指定课程表,全年上课周数及每节课时间可由学校灵活决定,这使得学校课程具有弹性。这些措施及政策,进一步推动了教育地方分权,使课程设置更具科学性。

除此以外,课程设置还充分考虑学习者的年龄特征及差异性。从 20世纪 70 年代起,日本就一直试图打破封闭、僵化、划一的课程,极力反对为在籍的所有儿童准备整齐划一的课程。随着学年阶段的递升,能够提供大幅度的分化课程及有利于学生自行选择课程。因此,小学课程设置必须考虑作为国民共同的学力基础的特征,为每个儿童提供共同的课程。在中学则要充分考虑学生性向的"巨大个别差异",从而采取以基础的核心学科作为必修,其他学科作为自由选修的方式,大幅度地实施学科间选修。高中则基本上以选修为主。

(三)注重实践能力的培养

日本教育中也存在与我国教育相通的问题,如应试教育、注重智育、强化理论教育等。这些问题已引起日本教育界的重视,并且提出了许多解决措施,而文部省极力推崇的体验性教育可谓切中要害,对症下药。它要求无论是道德教育、职业教育、特别活动,还是各学科教育,都要重视学生参与实际情境,亲身体验,从而获得感性认识。这样有利于把知、情、意、行融为一体,收到实效;设立有关职业技术教育的各学科、科目加强实验、实习等具有实际操作和体验性的学习,以使学生确实掌握职业技术的知识与技能;由年级活动(课外活动为主)、学生会活动、俱乐部活动及学校校会等构成的特别活动,更是以实践活动为主,要求学生接触自然、接触社会,从中体验人与自然、人与人、人与人类整体的各类关系,学会相处,从而建立良好的人际关系,并与自然和谐相处;各学科教学同样要重视体验性,加强体验性教育,有利于在实践活动中,培养学生发现并解决实际问题的能力;有利于理论与实际相结合,学以致用,使理论和实践得到双向的反馈检验。及时改进课程,有利于知、情、意、行融为一体,增强教育的实效。实际上,体验性教育已成为世界各国教育改革所关注的问题,是教育发展的趋势。这无疑让我们深刻地思考我国教育的发展。

日本是一个典型的靠教育发展的国家,它的每一项教育改革,都值得我们思考和重视,尤其它在改革中所显现出的各种特征,对我们不无启示。他山之石,可以攻玉。如果我们结合本国本地的教育,借鉴其方式、方法,定会受益匪浅!

三、美国中小学艺术教育的目标和现状

美国是一个典型的教育地方分权国家,各州都有自己的课程标准及相应的课程设置,但各州课程标准都包括四门核心学术科目:英语、数学、科学和社会。美国中学课程设置相当广泛,主要包括英语语言艺术、公民与政府、数学、科学、音乐与艺术、外国语、实践技能等。其综合中学一般分为三科:学术科、职业科、普通科,每门课程在教学时都分解成讲座、课堂实践、工场—实验室实践等

三个部分。李政道所提出的"培养人才最重要的是创造能力"、美国的"和谐发展的人"、日本的"协调发展的人",其核心都是培养创造能力、全面发展的创造型人才,虽提法不同,但基本目标是相同的。自 2002 年美

国实施《不让一个孩子掉队法》以来,在考试分数的压力下,很多学校除阅读和数学之外的其他科目的教学时间被缩减了,其中就包括艺术教育。有调查数据证实了二者之间的关联,但现实的情况却要复杂得多。事实上,三十多年来,美国中小学艺术教育的状况就在持续下滑,原因是多方面的,其中包括经费紧张,政府规定的强制性课程越来越多,导致学校课程拥挤,以及公众的认识还不到位,认为"艺术是可爱的,但却不是必不可少的"。

20世纪70~80年代艺术教育的滑坡,致使当今的一代教师和家长自身就没有受过良好的艺术教育,看不到艺术教育的价值。在这样的背景下,一幅关于美国艺术教育新的图景正在展现——全面的、创造性的艺术教育项目在越来越多的学区扎下了根。很多教学模式依据脑科学与认知科学的最新研究成果,采取了多种多样的教学方法:将艺术作为一个学习工具。比如,有的用音符来教分数;把各种艺术形式融入到其他核心科目的教学中。比如,将写作与戏剧表演相融合;创设一个充满艺术与文化气息的校园环境。比如,每天在走廊都放莫扎特的音乐,开展让学生动手的艺术教育等等。尽管这些形式大都还处在初期的试验阶段,但有的已经开始结出了丰硕的果实。

"如果他们担心学生的考试成绩,要想办法让他们考高分,他们给孩子的艺术教育应该更多,而不是更少。"亚利桑那州公共教育的督学汤姆·霍恩说,"很多研究表明,沉浸在艺术之中的孩子考试成绩也更好。"

美国的教育决策者们也几乎普遍认识到了艺术的价值。根据

"艺术教育同盟（AEP）"的一份关于2007～2008州教育政策的统计,有47个州有关于艺术教育的强制规定,48个州制定了艺术教育标准,40个州把艺术纳入了高中生的毕业考核要求。为克林顿和布什总统的教育改革奠定基调的1994年通过的《美国教育目标（2000）》,将艺术作为所有学校都必须开设的课程。《不让一个孩子掉队法》将艺术作为公共教育的十大核心学术性科目（academic subjects）之一,这使艺术教育拥有了获得联邦政府拨款的资格。

在2003年的报告《完整课程:确保艺术与外语在美国中小学有一席之地》中,全国州教育局协会的一个研究小组指出,大量的研究揭示了艺术在课程中的益处,并呼吁更加重视艺术与外语教育。作为2004～2006年各州教育委员会的主席,阿肯萨斯州的州长麦克·哈克比发起了一项确保每一个孩子都有机会学习、享受和直接参与艺术的运动。

但现状不容乐观。自上而下的推动是一回事,课堂上实施起来又是另一回事。不管《不让一个孩子掉队法》说得多好,被要求考核的是阅读和数学这两科,而非音乐和美术。毫不奇怪,很多学区都把考试当成靶子。独立机构教育政策中心2006年作的一个全国性调查显示,在《不让一个孩子掉队法》实施5年后,44％的学区在小学增加了英语与数学的教学时间,同时减少了其他科目的授课时间。2008年2月发布的后续调查显示,16％的学区减少了小学音乐与美术的教学时间,平均每个星期减少了57分钟,缩减幅度达到了35％。

有的州状况更加糟糕。在加利福尼亚州,根据全民音乐基金会的一项调查,上音乐课的学生数量从 1999 年到 2004 年下降了 46％,而其间在校生的总人数却增长了 6％。音乐教师的数量也减少了 26.7％。加州教育局在 2001 年设立的课程标准规定了每个年级的学生在音乐、视觉艺术、戏剧、舞蹈等 4 个门类必须掌握的知识与技能,但调查显示,89％的 K－12(从幼儿园到高中)学校未能按照课程标准开齐这四门课。61％的学校甚至没有一位全职的艺术专业教师。

高层官员对艺术教育的支持并不一定就能给孩子带来艺术课。2005 年伊利诺斯州的一项调查显示,校长和学区教育长官中几乎没有人反对艺术教育,但艺术教育在全州开展的状况却参差不齐。

在很多学区,艺术教育已经多年萎靡不振,扭转局势需要很大的投入和很长的时间。纽约市的市长迈克尔·布隆伯格在其学校改革计划中将艺术教育作为一个重点,充分利用该城市丰富的文化资源,大张旗鼓地实施了很多教育项目。如今,几乎每所学校都开设了若干门艺术课程和文化课程。即便如此,在 2007～2008 学年,只有 45％的小学与 33％的初中开齐了 4 个门类的艺术课,只有 34％的高中开设的艺术课超过了高中生毕业的最低要求。

不过,还是有不少学区取得了重大进展,不仅使艺术教育得以重振,还通过它来实现学校变革。这项工作需要领导力、创新力和广泛的参与,更需要对艺术处于学生学习的中心位置这个观念坚信不疑。

在达拉斯,一个由艺术家、慈善家、教育工作者和工商界领袖组成的团体,长期致力于艺术在所有中小学的推广工作,并把学生引入该城市欣欣向荣的艺术社区。现在,达拉斯独立学区的每一个小学生每周都能接受至少 45 分钟的音乐和艺术教育,这是 30 年来的第一次。达拉斯艺术学习计划(DALI)的一位负责人吉吉·安东尼说:"我们的理念既是理想化的,也是经严格科学论证的——当创造力推动学习时,学生就会苗壮成长。"

明尼阿波利斯和芝加哥,社会各界人士也在努力把当地充沛的艺术与文化资源注入学校,开展全面、可持续的艺术教育,而不是因预算和官员的变化就可以随便增减的项目。

亚利桑那州公共教育长官汤姆·霍恩把为所有K－12学生提供高质量的全面的艺术教育作为其施政目标。霍恩本人就是一个经过专业训练的古典钢琴家、菲尼克斯巴洛克合唱队的创始人。他目前还没有完成他的任务,但进展却十分显著:他为艺术教育制定了更高的标准,在州教育局中任命了一位艺术专家,为该州的艺术教育争取到400万美元的联邦教育经费。在他的努力下,一些学校恢复了十多年都未曾开设的艺术与音乐课。

"教育的目的有三。"正如霍恩所说,"我们为孩子们将来就业谋生做准备;我们为孩子们成为公民做准备;我们还要把他们培养成有深层次审美能力的人。第三个目标与前两个目标同样重要。"

四、法国中小学艺术教育的目标和现状

自1981年法国社会党执政以来,法国政府一直酝酿着对中小学教育实行重大改革,但是由于种种政治、经济原因,一些大型改革方案均未告成功。但是近年来,一系列中小学教育改革措施从未间断。中小学的教育改革的基本目标是提高教育效益和教学质量,使更多的儿童能达到规定的教育水平。1985年,小学开始实行新的教学大纲,设七个基本学科:法语、数学、科技、史地、公民教育、艺术教育和体育。总课时为每周

27小时。为了使学前教育与初等教育相衔接,自1986年开始母育学校也设置与小学相同学科的课程。实际上,法国母育学校在整个教育制度

中占有很重要的位置。它决不仅仅是照管孩子的场所,它的基本目标是使孩子们感到学校是学习的场所,培养他们与人交往的能力,并使他们学会学习。过去,法国小学比较重视法语和数学的教学,但近几年,艺术教育和体育也开始受到重视。教育部1988年1月的一项法令指出:"艺术教育是初等教育的组成部分,它有利于个人能力的发展与文化平等。"法国根据人力资源开发的需要,不断增加教育经费,规划到2005年比1988年增加45%,即从3980亿法郎,增加到5760亿法郎。在16年间,法国教育经费净增近1800亿法郎。

目前法国的教育方法主要是:

(一)树立正确的儿童观,认识学生是学习活动的主体、主人,应该自己管理自己,实行"自治",使其充分得到自由发展。

(二)启发学生学习、求知,顺应学生学习兴趣,相信学生学习的成功,尊重学生的人格。

(三)培养创造力,一般是通过创作构思、造型艺术、素描、绘画、音乐、舞蹈和各种实践活动。

在教学时间上,分成创造时间、吸收时间、对话时间、探索时间、自学时间。玩中有学,学中有玩,并且还给学生自己支配的时间。每周三下午,法国的小学和初中不开课,学校里的小课堂关闭了,社会大课堂却对青少年敞开了大门。体育场里,小足球队员,小篮球队员在飞奔疾跑;到了博物馆,简直成了学生专场,一群一群小学生,怀着崇敬的心情步入艺术殿堂,在教师和博物

馆讲解员的引导下,睁大眼睛去发现真、善、美的世界。有些博物馆在

"参观指南"中特别指出,最好避开周三下午。

　　法国教育部新闻处官员贡巴雷谈到"星期三现象"时说,这是素质教育的一部分。法国战后开始实施的素质教育,包含体育、公民义务与权利、道德、科学、艺术等多方面的内容。经过几十年的发展,法国以科技大国与文化大国的形象屹立于世,探索成功原因,不能不提及素质教育。贡巴雷先生说,素质教育是全社会的事,培养高素质的人才,教育部重任在肩,义不容辞,而各行各业也尽其所能,乐于贡献力量。

　　国立卢浮宫博物馆是世界上参观人数最多的博物馆,每年接待六百万参观者,其中一半是学生。卢浮宫"文化服务部"主任加莱尔先生说,提高学生的历史和艺术素养,是博物馆的使命之一。在法国,所有的国立博物馆免费为教师及 18 岁以下的年轻人开放,为他们组织专场讲解。不

卢浮宫

过,"我们对学生的关心远不止于此"。据他介绍,卢浮宫有一些为学生的服务项目,"艺术车间"是其中之一。卢浮宫拥有数十个"艺术车间",既为成年人,也为学生服务。二三季度,学生"车间"开设数十个专题的活动,如"了解园林"、"认识菘蓝"(一种植物染料)、"古埃及服饰"等。所谓"车间"是集参观、讲解及自己动手三者于一体的艺术活动场所,为五十平方米的厅室,中间有一工作台,周围有放置用具的大壁架。设立"车间"是为了增加学生的艺术体验。"车间"活动,凭借卢浮宫的资源。例如,园林课先由教师带领学生参观卢浮宫前的杜伊勒里花园,讲解其风格,回到"车间"后,学生用模具搭一个他们想象中的花园。6～18 岁的孩子都可凭兴趣参加,没有任何限制,交 30 法郎上课费即可。"艺术车间"很受欢迎,一般要提前半个月才能订到位置。

第二项服务是少年出版物。卢浮宫出版社出版的介绍新展览的书籍，有成年版和少年版两个版本，少年版的文字简洁明了，还有许多启发式的提问，封面上画着一个顽皮的男童。

第三项服务是教师培训。全法的中小学教师均可免费到卢浮宫接受三天至一周的艺术史培训，培训期间，可借阅馆内的图书音像资料，由资深馆员引导参观，作专题讲座。用加莱尔的话说：名师出高徒，有艺术素养的教师无疑给学生更好的影响，报名参加这项培训的教师十分踊跃。加莱尔还新开了"卢浮宫教育网站"，这为学生提供了了解艺术的另一种途径。

位于巴黎东北部的维莱特"科学与工业城"是欧洲最大的科普中心。这个密特朗时代的建筑，由花岗岩、钢铁和玻璃组成，气势恢宏。1986年建成以来，不断地满足着公众了解科学与工业的需求。国际开发部主任古当女士强调两点：第一，科学城不是传统意义上的博物

法国民间泥塑

馆，而是一个集展览、实验与资料调阅于一体的综合性科技场馆；第二，科学城并不是青少年科技馆。各个年龄段的人都愿意到这里来更新知识。克隆技术、转基因技术的出现，疯牛病、口蹄疫在欧洲肆虐……这一切使当代人对了解科学技术的愿望更强烈了。古当女士说，"科学城"每年接待300万人，18岁以下的占40%，这个比例接近卢浮宫的情况。"科学城"为12岁以下的儿童开设了4000平方米的"儿童馆"——属欧洲之最，用儿童的思维方式引导他们去观看、去触摸、去体验植物界、动物界以及宇宙空间，在他们幼小的心中激发起好奇。意大利、黎巴嫩等国也定制"儿童馆"，对儿童进行科学启蒙教育。"科学城"另一个独特的青少

年项目是开设"维莱特班",中小学整个班搬到"科学城"上课一至两周,学生利用那里的设备,利用那里常年展览和短期展览提供的知识,在教师和"科学城"工作人员的双重协助下,完成一项科学小试验。科学城平均每年接待250个"维莱特班",一些欧洲国家的学生也慕名前来。博物馆、科技馆致力于青少年的素质教育,不断提供新的活动方案、种种方便和优惠,将此作为一种社会责任,这在法国已蔚然成风。教育部长雅克·朗就此谈道,如果想使法国仍然保持创造性,成为一个有影响的国家,就应该考虑人的整体的、协调的发展。音乐之于心算,戏剧之于阅读,造型艺术之于几何,不无裨益。科学、艺术教育唤醒敏感,催生创造力,它像是学生进入其他未知领域的"芝麻开门"的呼唤,引导他们去发现、去创造。何况一个自幼亲近博物馆的人,长大后自然会爱护遗产;一个从小喜欢动手做实验的人,自然有更丰富的"发明因子"。在汹涌而来的全球化知识浪潮中,法国竭力保持着自己的文化特色。保持自我,壮大自我,关键是要使本民族拥有一批又一批,一代又一代高素质的人才,法国懂得这一点。

五、英国中小学艺术教育的目标和现状

英国课程委员会于2008年9月对关键阶段三(相当于我国初中阶

英国艺术家詹姆斯透视+纸雕塑作品

段)的"艺术与设计"课程实施改革,又于2009年4～7月着手小学课程改革公众咨询,随后在此基础上修订小学课程,将"理解艺术"作为小学六项领域学习之首。英国对艺术教育的行动在某种程度上明确了课程改革的目的:那就是能使学习者更好地学习、生活,并促进学科的研究和发展。本着这样的考虑,英国政府在广泛的调查和实验基础上修订了课程,对艺术教育产生了一些突出的影响。

(一)课程意蕴的重新界定

(1)为未来的课程新修订的中小学课程。这充分显示出英国政府从人的价值和社会价值的需求角度出发的实用主义价值观。而且,这次改革的目标是着力于打造世界一流的教育体制,因此它是一个为未来的课程而不是锁定在过去的课程。无论是2007年开始修订,2008年9月开始实施的初中"艺术与设计"课程,还是2009年10月修订的小学课程中的"理解艺术"学习领域,都试图改变以往课程对过去知识和经验的学习,在学生目前的经验和未来需求的基础上实施"为未来的课程"。英国政府也认识到发展经济,需要符合社会和文化价值的创意人才,即艺术家、企业家和舆论界的联盟。因此,这次改革特别强调学生创新、能力、文化理解和批判性理解,让学生在中小学阶段,为未来学习做准备,发展最重要的技能和实践。

(2)融入社区和地方独特性的课程以更好地实现新修订的课程为目标。新修订的课程主张在学校课程中嵌入社区连接,帮助青少年培养身份认同和归属感,使学生在寻求地方独特性的过程中能直接感知英国社会多元文化的传统,更好地增强社会的凝聚力。艺术与设计的创作是以交叉学科、行动实践以及社会的价值观为基础的,课程的重点不只是放在表现形式上,而是在促进学生艺术学习经验和所处社区与环境的实际应用关系上。小学课程改革强调以家校结合的方式积极的为儿童创造学习环境,在校内外搭建学生学习的桥梁。在校内,教师利用他们的专业判断和专业知识,灵活设计和调整课程以适应学生的需求,在校外,通过家长课程鼓励学生课堂之外的学习兴趣。初中课程改革鼓励教师将艺术和设计工作扩大到校外更广泛的社区课程。为学生提供机会响应当地文化,进行跨学科和多学科的实践,让他们了解生活的区域以及了解他们自己生活与周围世界之间的互动。让他们懂得在创造未来生活中,要获得一份工作或实现教育上的成功,与种族、信仰和文化背景无关,关键是他们自己的才华、雄心和愿望。

（3）为学校整体设计的课程。英国 SSAT 机构在研究中提出:尽管英国在不断地改革与创新,但现在的学校教育仍和 20 世纪初一样,课程设计从表面上看也非常类似。《你的孩子,你的学校,我们的未来:建立21 世纪的学校制度》教育白皮书的核心内容就是权力下放,同时强调更严格的责任制,确保每个孩子都能获得成功。为改变学校一成不变的课程设计模式和学科设计,新修订的课程减少了国家课程建议,更加关注学校课程和地方课程。每所学校在符合当地文化和背景的基础上,围绕满足学生个性化的需求和愿望设计课程,促进实现"每个儿童都很重要"的目标。学校整体课程设计还打破了学科原有的界限,在小学阶段,通过不同领域的学习,连接学习经验和体验学习内容;在中学阶段,通过主题、事件和活动在学科间建立联系,提高学生的知识和跨课程的理解。因此,创造最好的文化与支持创新,形成优秀课程是对学校领导人和学科带头人的一个挑战。成为成功的学习者、自信的个体和负责任的公民是新修订的中小学课程的一致目标,也是对学习者提出的新要求。英国国家行政机构的调查表明,学校的课程脱离儿童的现实世界,课程设置没有考虑对儿童社会性发展的影响,因此提出应从提高儿童基本学力出发设置课程。

艺术作为重要的学习领域和必修课,对学习者应对未来社会发展的挑战发挥着重要作用。

第一,具备生活和工作的实用技能在小学阶段,强调让学生从调查、创作、交流和评价中获得学习与思考的技能,学会批判性思考和解决问题的能力。学生应知道自己的强项,为自己的艺术学习设计目标,通过独立的工作培养个人技能和情感,能在小组和班级中扮演一个积极的角色,学会聆听他人,调整自己的行为,以顺利过渡到中学阶段的学习。在初中阶段,修订的艺术与设计课程越来越重视工艺和设计。在继续承认学科重要性的同时,把培养学生的生活技能和发展未来的工作技能作为重点。一方面,学生需要了解他们的学习是如何通过实践应用与课堂之外的世界关联的,因为工艺和设计的应用实践已经与艺术有力地联系在了一起,在传统和当代世界里拥有它们自己的位置;另一方面,英国政府认为要让年轻人成功地生活在飞速发展的世界里,现在的教育就必须能够持续满足雇主的需求,使学生获得必要的技能和资格以应对未来职业不断变化的挑战。

第二,艺术家的体验艺术的学习包括在思维和行为中的实践过程,在实践中体验,可以提高学习者的学习效率,检验学科的重要概念。因此,英国修订的艺术课程,无论是中学还是小学,特别强调促进学习者第一手经验的获得。一方面,新课程提倡让学生获得各种直接的艺术体验。让学生有机会参与当代艺术、工艺和设计,尽可能在创新的环境中同有创造性的人一起工作,比如参观博物馆和美术馆,用多种媒体创作和实践,通过计算机绘画或设计的学习来发展自己的艺术经验;另一方面,新课程提倡让学生学会像艺术家、设计师和手工艺师一样思考,在学会欣赏他人作品的同时发展自己独有的表达方式;探索多种媒体,如结合声音、影像和运动等进行创作;将校内课堂的经验延伸至校外的多种艺术实践。探究那些对他们来说是新鲜的领域,包括创意、技术和创作过程。

第三,个性化学习在此前的英国国家课程中,按八个水平级别设计描述学习者的进程,描述 2、6、9 年级结束时学生应分别达 N2、4、5~6 的水平。从 2008 年 9 月开始的中学课程改革建议在 4~8 级分别描述。而小学阶段学科的学习没有创建学习领域的说明,但为了给教师在评价学生时提供参照,新的水平级别描述将在这一轮改革结束,2011 年夏天开始。在艺术、工艺和设计学习中有一些重要的概念,学生需要机会探讨和学习,以加深和扩大他们的知识、技能和理解。确保所有的学习者,无论他们有何能力,尽可能获得最大的进步与发展。缩小成就差距,使那些没有实现年龄预期成就的学生赶上他的同伴。挑战年青的、有才能的学生,以便他们充分实现潜能,获得持久的、更大的进步。使所有的年轻人发展成功,具备生活所需要的技能和态度,通过个性化的学习适应更宽泛的环境。

(二)对教学的多元理解

(1)提供跨学科和多学科教学的连接。这表明在不同学科间创造连接时,很多的有效学习就会发生,学校也更易管理。英国新课程改革中的艺术课程,提倡学生能在艺术门类各学科间和艺术之外的多学科间进行实践,从跨学科和多学科的话语来解读艺术教学的无尽意义。在小学课程中,学科教学和跨课程学习是互补的,在关联的课程中,多样化途径可以帮助儿童运用他们所学的内容来适应新的环境。重新组织的六个学习领域,在已提供的学科课程组织和跨学科学习中得到了更好的连接。而在中学课程中,提供学生响应学校和地区文化的召唤,在独立工作和合作工作中探索新的领域,进行跨学科和多学科的实践,这种突破传统定义学科边界限制的做法,是新修订课程最重要和最精彩的地方。

(2)关注创造力以及与新技术新媒体结合。新修订的课程一个重要的概念就是提供独立的创新实验和探索的实践,鼓励对新技术功效的重新审视。这将进一步引发技术与艺术如何相互借鉴的讨论,有助于思考在教学和学习上创造性地运用新技术。新技术在推动当代艺术、工艺和设计实践中,发挥着越来越广泛的作用。一方面,新技术提供了更多的机会,让学生一起探讨各种方案,提炼和改进文本;另一方面,这种利用数字媒体提高质量的过程能加强学生的自信,使用新技术的过程也让学生有机会重新思考图像的意义,研究并提出能够真正达到大众认可的数字与艺术的组合。

(3)注重课外艺术经验的延伸。这次课程修订,强调学校艺术教育与校外艺术学习经验的延伸,让学生可以更多地、更全面地享受到艺术学习带来的机会。学校建立展示、画廊及与当地艺术家一起工作等活动,可以使学生有机会通过他们自己的作品或他人的艺术作品来表达自己的观点、意见和判断。英国在执行课程改革时实行创新合作伙伴计划,建立日课程、周课程、学期课程等多种形式的工作室,打破学校内外的界限。由政府支持的多个学校学生的共同学习、艺术家进校、培训教师等计划,确保了学生艺术能力的提高以及艺术经验的获得,有更多的时间用于艺术体验和艺术实践。学生与艺术家、设计师和手工艺师等一起寻求新的创作方式,探讨互联网、视频会议和虚拟学习环境所带来的变化和机遇。

(三)不是为了改革而改变课程,它改变的是学习者的利益

英国中小学新课程中关于艺术学习内容部分的修订与课程改革的新理念是分不开的。加强实践性教育,提高学生的综合素质。美术学习的经验需要在一个认知框架中设置,允许学生参考、说明、演绎、评价、试验和评估他们的创作和艺术发展。

2000年9月英国中小学改革中,英国政府强调课程的精神价值和道德价值,这次课程改革着眼于迎接新世纪挑战的主要问题,由为学生未来生存做准备这种思想,转向使学生的素质更切合当今世界的要求,在一个更为广阔的认知框架中,为学生提供高教育和高技能的课程,以帮助他们提高生活技能和社会技能,实践富有挑战性的目标,从而更好地

适应快速变化的外部世界。可以看出这次改革更强调实践性，是以应用、实践的课程理念为基础的。增强创意性学习，满足未来人才需求。英国艺术评议会 2010 年的一份研究报告显示，创意产业在过去的两个十年中经历了惊人的增长。英国正面临"创意经济"时代，未来福祉在于人的独创力以及企业家和员工的创新。来自商业部门的报告也表明，高科技知识创意产业是经济发展的关键，未来职业需要越来越多的创意人才。因此，培养具有个性、具有高度实干能力或智力的、多样的和开放的创意人才成为首要问题。艺术与设计覆盖广泛的艺术形式，如绘画、雕塑、影像和手工艺的结合以便产生新的图像、媒介和生活艺术。因此，艺术家也是冒险者，他们跨越多种情境：文化、景观设计、健康环境、商业、科学和工业，以及越来越多的艺术社区。艺术教育在当代社会显示出新的活力。艺术与设计用来培养创新思维的作用不可低估。

第三章　学校对艺术教师的选择

《师说》中说："师者，所以传道授业解惑也。"教师一词有两重含义，既指一种社会角色，又指这一角色的承担者。广义的教师是泛指传授知识、经验的人；狭义的教师是指受过专门教育和训练的人，并在教育（学校）中担任教育、教学工作的人，换而言之，教师就是在学校向学生传递人类科学文化知识和技能，增强学生的体质，对学生进行思想道德教育，培养学生高尚的审美情趣，把学生培养成社会需要的人才的专业人员。

一、我国中小学对教师艺术能力的要求

我国的艺术教育有着极其悠久的历史，早在两千多年前的孔子时期，就已经有"礼乐"制度。但我国的学校艺术教育却走过了一段艰难的历程，经过一个多世纪的努力，艺术教育出现了有目共睹的繁荣局面。但由于教育思想、培养方向、经费、师资、教材、设备等的影响，我国学校艺术教育长期注重知识、技能的传授，忽视了艺术个性、艺术创造力的发展，因而导致我们的学科课堂教师教得吃力，学生学得乏味。

随着基础教育改革的不断深入，作为教育改革一部分的艺术教育也凸显其时代特征，它从传统的专业教育转向素质教育，学科课程也开始从单一走向综合。《艺术课程标准》（以下简称《课准》）指出：艺术课程是一门在

课程目标、课程结构、课程内容上探求综合性改革的新课程,它是舞蹈、戏曲、歌剧、舞剧、诗歌、美术等多种艺术学科的综合,并且相互渗透,相互交融。以"艺术范例"为内容载体进行整体设计的学科课本,它更注重思想性、人文性、时间性和综合性。新课程改革的过程,也是教师成长的过程,教师是课堂上的主导者,教师自身素质的高低直接影响着课堂的效果。新的学科教材是基于艺术作品、艺术家、艺术事件等艺术本体内容,包含丰富的社会、自然、人文信息,具有明确主题内容的艺术教学载体,既强调各种知识的教学,又提倡单科与各学科之间的综合与整合。这种发展趋势对艺术教师所具备的基本素质、知识和能力提出了新的要求,这也是当前广大艺术教师迫切需要思考和解决的问题。

（一）提高道德品质修养,寓德育于教学中

作为艺术,它具有审美、娱乐之功能,同时也对受教育者起着认识和教育的作用。历来美学家和统治者都清楚地看到艺术"寓教于乐"之功用,并自觉利用艺术的教育功能,为国家的统一、社会的发展和国民素质的提高服务。艺术是美的艺术,是一种语言文字难以表述的信息,它通过情感、声音等多种方式的表现来实现其自身价值。良好的艺术教育不仅可以对学生热爱祖国、热爱生活、树立理想、陶冶情操产生重要影响,而且对于加强社会主义精神文明建设更具有深远的意义。因此,我们应发挥其单科学科的特点,注重人的培养。学校教育的过程,是学生道德理想、道德习惯和道德感情形成的最重要时期。作为艺术教师,要深入钻研教材,充分发掘教材的思想政治教育因素,了解学生的思想实际,认真备课,恰当运用现代化的教学手段,使艺术教学中的思想政治教育有感染力、有较强的针对性,寓德育于艺术知识的传授之中,只有这样才能收到良好的教学效果。

同时,作为艺术教师要努力提高自己的政治思想觉悟和理论水平,以适应寓德育于教学之中的要求。一位好的艺术教师应具备热爱祖国、热爱艺术、热爱教育、热爱学生的品格,具备勇于付出、甘于奉献的精神,这也是教育工作者所应当有的优秀品质。教师的敬业与奉献、修养与言行以及对艺术的热爱将潜移默化、逐步深入地影响、感染每一个学生。由于艺术课不属于考试科目,学生对艺术的爱好和学习兴趣,主要有赖于教师对艺术、艺术教育和学生们倾注的爱,有赖于教师在爱的基础上释放出来的热情、敬业、仁慈、宽厚、耐心、温和、幽默、亲和等品质的引导和激发,生活中、工作中,教师要努力做到身体力行,率先垂范,育人育己。

(二)转变教育教学理念,培养学生对艺术学习的兴趣

教师是新课改的实施者,在学科教学中发挥着重要的作用。为了适应新课程标准对教师提出的更高的要求,为了适应社会发展对教育提出的日益增高的要求,就要转变教学观念,以新的课程观(学生观、教材观、课程资源观)来审视、规划教学目标、内容和方法,以更高、更宽的眼光来设计教学、看待学生,以新的理念指导课堂教学。《课准》强调学生的主体地位,还给学生思维的空间,培养学生独立自主的能力。学生是教学过程的主体,知识的获得是一个主动的过程,学习者不再是信息的被动接受者,而是知识获得过程的主动参与者。教学过程是师生交往、共同探究、共同发展的互动过程。在教学过程中教师要处理好传授知识与培养能力的关系,注重培养学生的独立性和自主性,引导学生质疑、调查、合作、探究。

如今的艺术课需要教师树立"弟子不必不如师,师不必强于弟子"与学生互动提高的思想。教师要进一步树立课程意识,坚持以学为本、以学生的发展为本,满足学生的不同需要;要尊重学生的艺术爱好,给予学生自主选择、交流合作的权利,培养学生自我意识与合作意识,鼓励学生按照自己喜欢的方式去学习,促进学生富有个性、生动活泼地学习;要改变教师讲学生听的灌输式教学,努力提高学生对音乐、美术、书法等其他艺术学习的兴趣,使学生由被动地听走向主动地学,鼓励学生个体主动

参加到与他人的合作中,与学生共建和谐的艺术课堂,实现由导师向学友的方向转变。

(三)加强专业知识与技能学习,提高自身专业素质

当前的艺术课是一门综合的课程,教师在注意基本理论知识学习的同时,更要加强基本教学能力。艺术教师要具备亲自操作能力,还要有超前的理论知识。

随着艺术课程的综合化,教师的知识结构也发生了变化。单一学科教学只要求教师掌握或钻研某一学科领域的知识,一般只学习学科规定的内容,这便形

成了知识结构单一的状况,而综合性教学则需要教师除了掌握本专业知识外,还要广泛学习与其相关的其他学科,进一步扩大知识面,并能较好的吸收和运用文学、戏剧、电影、舞蹈、美术、历史、地理等姊妹艺术的基本知识,如对一幅名画的欣赏应该从何入手? 从哪几个方面来欣赏? 有关作者经历以及背景等等。其次,中学教师还应具有丰富的教育理论知识,系统而扎实地掌握教育学、心理学等方面的知识。要掌握运用教育学、心理学的知识指导教学工作的能力,熟练地运用计算机进行工作和学习,具备分析教材、组织教材的能力,运用准确生动的语言表达的能力,组织教学活动的能力,准确判断问题和解决问题的能力,教导学生的能力等多方面的能力,掌握现代教学技能,以适应新课程教学的需要。

(四)注重艺术课程整合,不断丰富教学手段

艺术的存在从来就不是孤立的。艺术与政治、经济、历史、文化都有着密不可分的内在联系。由于艺术与其他学科的交融和相互作用,才使艺术具有丰富的内涵,并以其独特的艺术魅力在人类历史的长河中源远

流长。中小学艺术课程作为一种综合性课程，并不是简单地将音乐、美术、舞蹈、戏剧、电影、建筑等艺术门类的教学内容拼贴、叠加、杂糅在一起，而是根据各门类艺术课程内容的内在相关性以及审美价值的内在关联性，将各门艺术课程内容综合在一起进行设计。

新课程并不是要求教师成为一个博学家，而是一个善思考、肯学习、会学习的人。中小学教师要利用身边的教学资源，开发更多的艺术课程资源，利用现代丰富的教学手段，如录音、录像、广播、电视、幻灯、投影、电脑多媒体等硬件音像制品以及各种教学资料的音像、视听盘和各种电脑多媒体光盘、课件、教具等软件。这样才能适合中小学生的心理需求。能够达到多观察、多体验、多尝试、多收获。进而享受成功的快乐。

（五）加强教学科研能力，不断提高课堂教学质量

中小学教师不能只重视教学实践而轻视理论的学习，不能把科研看成是额外负担，如果这样，研究理论的缺乏实践经验，从事教学的不注重理论水平的提高，就会导致教学与科研分家。而实际上，教学工作是一项理论联系实际的活动，轻视理论的学习会导致一些教师不能站在更高的层面分析、研究教学中出现的问题，使教学发展受阻。只有在教学实践基础上兼有理论研究能力的教师，才能从理论上总结教学经验，将其升华推广，才能从心理学的角度发现教学中的问题根源并及时解决，才能面对教育教学中的各种问题保持清醒的头脑，运用现代教育的理论、策略、方法与手段于基础教育实践中。因而，教师必须不断增强科研的意识，在教学实践中不断地探索研究，不断地总结积累，真正将教育理论

与实践相结合。

（六）树立终身学习意识，跟上时代前进步伐

随着中国经济的快速发展，传播媒体与传播手段的不断增加，学生的知识来源渠道与知识结构都发生了巨大变化，在这个信息高度发达的时代，一些学生通过阅览图书或查阅网络等途径，知识结构相当惊人，这就需要教师不断地、广泛地学习，拓宽自己的知识面，调整自己的知识结构，增加自己的知识底蕴。因为处在信息社会中的教师不能老是在自己过去所学的知识范畴中自以为是地悠闲地散步，而是要善于获得最新信息，同时善于灵活运用信息，并且把信息转化为生产力，运用于教学实践当中。

此外，教师还需具有创新精神。结合我国的国情学习国外先进的教育理论和教育方法，并进行移植和运用这些信息。注意及时掌握国际、国内教育的最新理论和最新动向，并吸收、消化、运用于艺术教育实践；积极探索艺术教育中的素质教育，研究发挥艺术教育在素质教育中的特殊作用，加强艺术教育与其他学科教育的横向联系；积极进行教学内容、教学形式、教学方法、教学手段的改革，跟上时代前进的步伐。

总之，随着教育改革的深入，人们逐渐认识到当今教育需要的不再

是单纯意义上的"教书匠",而是集教学、科研于一身的学者。

二、美国中小学对教师艺术能力的要求

美国的师范教育经过一百七十多年的发展,现已发展成为以非定向型师资培养模式为主导、专业设置完备、体系完整的师资培养和培训体制。美国的师资培训机构为中小学教师设置了大量的学位与证书教育计划,以及非证书、非学位学习计划,以满足中小学校对教师的要求。

(一)非证书、非学位学习计划

美国的中小学教师必须参加在职进修,中小学教师在职进修可以选择这种非证书、非学位的学习计划,这些计划主要是为那些已经具备一定的学位与证书而在目前又不想更改其学位与证书的在职教师。从事这种学习计划的形式多种多样,各州往往根据本州的特点,要求地方学区因地制宜开展这类学习计划。从事这类学习计划的形式主要有:

(1)师资培训日

各州一般要求地方学区定期开展在职教师进修活动,有些州规定由学区安排培训日。培训日当天,全体学生放假,教师以学校或学区为单位开展教学研究、教学理论学习或听讲座等活动。培训日一般每月一次,但各地规定不完全一样。

(2)必修课程

地方学区根据州教育厅的规定,要求教师在取得教师证书以后,继续在高等院校正式注册修习专业教育课程或师范教育课程,以更新知识。佛蒙特州的学区规定,全体教师在每七年当中必须在高等学校选修两门课程。教师修习此类课程时,一般由学区代缴学费,学校还在工作时间与工作的安排上予以适当照顾。

(3)暑期学校

暑期学校既可安排在大学校园之中,也可安排在学区或学校。它通常被用来提高教师的一般专业素质,比如学习最新教育理论、介绍各地

行之有效的实践经验,使教师了解教育研究和教育实践中的新动态,并且在自己的实践中有选择地运用这些理论和措施。凡参加暑期在职培训的教师,不仅在培训期间可以领取工资,而且由学区代缴培训所需费用。

(4)讲习班

讲习班一般用来解决一个或几个在教学中普遍存在的问题。比如,在 20 世纪 80 年代的教育改革中,为了解决对学生的期望问题,即教师对学生期望过低,导致降低要求,直接影响教育质量的问题。各地为解决类似问题举办了大量讲习班。讲习班一般请著名学者讲授理论,教师经讨论后制订改进工作计划,学区在讲习班结束后开展后续活动,评估、检查教师制订的计划,并由改进工作效果突出者介绍经验。

(5)研讨会

研讨会可用来提高教师的一般专业素质,也可用来解决教学实际问题。研讨会可由一人或几人主讲,介绍工作经验或科研成果,全体与会教师参加讨论,从中获得启发。

(二)硕士学位计划

(1)在职教师的教育硕士学位计划

在美国,教育专业硕士(Master of Education)属于专业型硕士学位,这种硕士学位课程主要以培养高层次中小学教师为目标。以初等教育和中等教育专业为例,"教育硕士"计划的设计旨在帮助持证教师获得更高的学位。修习此类计划者通常已经拥有一定的课堂教学经验,希望有机会对当前在课程与教学法方面开展的研究和取得的进展作深入的了解和检验。以美国肯特州立大学教育学院的硕士计划为例,它的中等教育专业又划分为若干教学科目领域;所开设的课程涉及每一个领域的理论与实践,如课程发展趋势、教学资源等,尤其强调教学的改进和最新的发展动向。每个学生的学习计划由两部分组成:

①20~26个学分的主修科目,包括所有硕士学位申请人必修的核心科目、教学方法方面的科目以及中小学教师感兴趣、经选择的专业理论科目。

②6~12个学分的副修科目,关于学生以后所任教的科目领域。

(2)非在职教师的硕士学位计划

美国的师资培养是一种非定向型的培养模式,为了鼓励和帮助非教育专业的本科毕业生走上教师岗位,设置了"教学艺术硕士"学位计划和"教育科学硕士"学位计划。为了鼓励和帮助其他职业的人员从事教师职业,美国的师资培养机构还设置了"教师教育计划"。

①"教学艺术硕士"(Master of Arts in Teaching,MAT)计划

"教学艺术硕士"计划的培养对象是从未获得教师资格证书的人,申请人必须是非教育专业的本科毕业生,有学士学位,还应达到本州教师资格证书标准中关于普通教育必修课程和专修领域课程的学习要求。未达标准者必须补足上述课程的学分,并通过面试,方有被录取的资格。入学后,要求每个学生修满45~51个学分的研究生课程,包括核心科目、各科目领域的专业方法论、现场实习、模拟教学以及在中小学担任实习教师。攻读"教学艺术硕士"学位者必须是全日制学生。完成此计划的学生将获得"教学艺术硕士"学位及相应的教师资格证书。

②"教育科学硕士"计划

攻读这类计划的学生,以非教育专业毕业的文学士和理学士为主,他们在这一计划中可以获得教师职业的入门教育。"教育科学硕士"计划以培养中小学教师为目标,这类培养计划包括任教科目领域、教育专业课程和教学实习与实地经验这三大块。以宾夕法尼亚大学的教育研究生院为例,介绍其初等教育专业和中等教育专业的"教育科学硕士"计划。该学院要求攻读"教育科学硕士"学位者必须至少完成十个科目单位的学习。在读完其中的六门科目或读完全部科目时,所有的硕士学位

候选人必须参加一项综合考试,展示他们在本专业领域已有的知识。

初等教育专业硕士计划的毕业者可以获得宾夕法尼亚州幼儿园颁发的六年级教师资格证书。就读这项计划的全日制学生学制为一年,共三个学期,必须完成十二个科目单位的学习。课程按春季、夏季、秋季安排如下:

春季学期(四个科目单位)

a.见习生在教师指导下开展教学实习,包括研讨班和以学校为基础的团体研究活动(三个科目单位)。

b.高级语言、学习和对小学课堂的观察。

夏季学期(四个科目单位)

a.儿童与青少年文学

这门课涉及有关儿童与青少年文学研究的理论与实践方面。学生不仅要广泛熟悉儿童和青少年的书籍,而且要懂得如何将文学作品用于学校课程。要求学生完成个别化的科目计划,集中研究特定的课堂、家庭或职业环境中的文学。

b.人的发展(也可以是其他得到推荐的科目)

介绍人的生理、社会、认知和语言的发展,注重理论与方法论。

c.小学和中间学校的科学

运用实践的理论的方法,把与社会问题相关联的科学和技术的概念和方法结合进小学的综合课程。方法和机制不仅来自心理学的学习理论,也来自对当前的科学史和科学哲学的研究。在课堂上要开展各种活动,并与邻近街坊的儿童共同开展活动。并要求学生阅读当前有关的文献。

d.在"教育、文化与社会"专业开设的科目中选择一门。

秋季学期(四个科目单位)

a.语言、学习和对小学课堂的观察

这门课的首要目标是探索语言、学习和文化的关系以及它们对小学课堂中的阅读和语言教学的启示。这门课的内容取自大学教师和中小学教师以及作家、研究人员对实践的描述、研究及有关的理论。其中还包括课堂实地工作和研讨会形式,旨在帮助学生通过理论联系实际,学会从儿童中学习,进而建构起自己关于语言教学的观念。

b. 小学和中间学校的社会研究——社会问题课

这门课的核心是社会科学与小学教师的关系。要求学生从当代社会科学知识和理论的角度,批判性地考察学校实践。这门课的内容主题包括地理学,历史学,儿童、学校、与社会间的关系,进步主义教育——社会研究课程与教学等等。要求学生设计一个主题,在春季学期的教学实习期间,他们将围绕这个主题开展教学,包括设计学习中心以及安排一些简短的课堂作业。

c. 小学数学

在这门课中,学生要借助一些重要的相关内容,诸如计数、有理数运算、几何学、概率论和统计学等,探讨数学的定义、儿童数学学习的理论以及数学教育的改革问题。讨论与作业都将密切联系课堂实地经验。

d. 有指导的小学实地经验

要求学生在城市的一所小学,在有经验的教师指导下,至少工作150个小时。负责本项硕士计划的教职员将提供指导。

中等教育专业硕士学位获得者可以同时得到宾夕法尼亚州7~12年级教师资格证书。学生必须完成十一个科目单位的学习。专业方向分别是中学英语、历史学、数学、科学或外语。

集中关于青少年发展的理论,以及关于青少年、同伴、教师、专家,及其他重要人士之间交往的本质的理论,同时也涉及通过干预促进心理发展的方法。

以下五门科目中可任选一门:

Ⅰ.中间学校与中学的外语教学的课程与教学法；

Ⅱ.中间学校与中学的数学教学的课程与教学法；

Ⅲ.中间学校与中学的科学教学的课程与教学法；

Ⅳ.中间学校与中学的社会研究教学的课程与教学法；

Ⅴ.中间学校与中学的英语教学的课程与教学法。

③"教师教育计划"

为了鼓励和支持从事其他行业者进入教师职业领域，美国的许多师资培训机构均设有这类"教师教育计划"。以哈佛大学教育研究院为例，介绍其教师教育计划。

哈佛大学的教师教育计划有两种：

其一是数学与科学计划，它的入学对象为具有本科或研究生学位和在数学或科学相关领域已具有一定工作经验（如受雇于科研、商业或技术机构），期望在高级或中等学校担任数学和科学课堂教师的人做准备，完成计划者在接受硕士学位以外，同时可获得麻省教师合格证书。

其二是教学与课程计划，它包括行为科学、生物学、化学、英语、一般科学、历史、拉丁语及古典著作、数学、数学与科学、现代外国语（法语、德语、意大利语、俄语、西班牙语和希伯来语）、物理学和社会研究分支。培养目标也是高级中学相应学科的教师。选学本计划的学生将修习一门名叫"美国教育中的历史、社会与多文化问题"的预备课程。学术年开始后，则应选学两门适合高级中学学生需求与兴趣，为期各为一学期的设计课程，一门青春期心理学课程与一门和其所选证书学科领域相吻合的课程，它们都是学期课程；另外两门选修课则可从哈佛大学的其他学院、塔夫大学的法律与外交学院和麻省理工学院开设的课程中选学。本计划的学生，还应对今后所从事岗位的背景作多种观察见习，并在有经验的教师指导与大学教授的监督下，在中学承担300小时的课堂讲授任务，它相当于两门学期课程。完成这些规定的要求后除被授予硕士学位外，还可取得麻省教师合格证书。

（三）高级进修证书计划

为了让获得硕士学位的在职教师进一步提高其水平，美国的师资培训机构还设置了高级进修证书计划。哈佛大学教育研究院就有高级进修证书计划。这是一种为已获得硕士学位或具有其同等学力、有经验的教育工作者或中级专业人员，提供全学时的高级研究证书计划，这对正处在休假年或其他为了专业与学校发展目的，可离岗进修一年的教育工作者特别适宜。这一计划的学习一般为一年，总共修习八门学期课程，其中四门由教育研究院提供，其余四门由哈佛大学的其他院系提供，但必须经过指导教师的同意。该证书计划分下列七个方面供选学：行政、计划与社会政策，教学、课程与学习环境，人类发展与心理学，风险与预防（指对心理、学术、社会与健康问题的原因与预防的探求），数学与科学，语言与文学和教学与课程。其中，数学与科学，教学与课程计划是中学及高级中学州教师获得证书的重要条件之一。

第四章　美术教育对学生艺术能力的培养

一、中国古代美术教育

人类在与自然的交往过程中,创造了与自然世界相对的人造世界,人造世界又可以再分为造型的世界与语言、文字和符号的世界。在造型世界中,造型产品总是物质与精神的统一体,一般都包含实用与审美的双重功能。即使在现代社会的美术活动中,除了包括纯精神意义的作品的创造外,也包括大量既具实用性又具审美性的作品的创造。因此,造型性就成了非艺术的造型活动与艺术的造型活动共同的因素,人类最早的造型就可能包孕了美术造型。换句话说,人类最早的美术教育实际上就包含在一般造型技能的传授过程中。这或许说明美术教育最早的内容实际上就是生产和生活工具的制造。以后的造型活动还包括制陶和编织等。其中,我国制陶工艺的卓越成就已足以反映出我国原始美术教育在人的生存与发展中所发挥的巨大作用。

概括地说,我国原始美术教育除了教育手段和方法的非形式化以外,美术教学内容也是以传授制作兼具实用性与精神性的生产生活工具的技能为主。因为当时独具精神意义的美术作品尚不多见,相应地,以培养纯精神造型作品创作人才为目的的美术教育也尚未萌芽。

原始社会末期,社会出现了剩余产品,这样就有可能使一部分人脱离直接的物质生产劳动,专门从事艺术创作和教育工作。尤其是教育成为一种专门的社会活动,为美术作为教育内容和手段进入教育领域提供了条件。

在中国奴隶社会鼎盛时期的西周(前 11 世纪至前 771 年),教育制度就渐趋完备,形成了奴隶制的官学体系。官学又有国学与乡学之分,并各自形成等级有别、递进有序的教育网络。教学内容则是以礼、乐为中心的文武兼备的六艺教育。所谓六艺即礼、乐、射、御、书、数。其中的乐,当属综合艺术,包括音乐、诗歌、舞蹈。尽管没有明显的证据说明六艺中是否包含美术,但六艺作为教育内容这一事实本身对美术教育就足够有益了。因为六艺教育的实施,反映了当时社会的理想人格标准,并已具有德育、智育、体育和美育的性质。从我们对全面发展的教育思想与美术教育的关系的理解来看,这是很适合美术教育存在和发展的土壤。而且,从当时艺术教育的内容来看,它已超脱了物质的功利性,而成为完善人格和陶冶精神的工具。这种通过艺术作用于人的精神的观点,与我国《古代画论》提出的道德教化和审美享受的功用说是十分吻合的。它为以纯精神为目的的美术教育进入官方教育以及个人的自觉修炼活动铺平了道路。

孔子作为"万世师表"的大教育家,同时也是艺术家,"游于艺"就是他重要的教育主张和教学方法之一。其门下除了音乐家之外,还包括画家和雕刻家。孔子是否能画,无据可考,但他深谙画理,擅于鉴赏,则为世人所共知。这可见于《论语》和《孔子家语》中。因此,我国著名美术教育家姜丹书先生认为,中国固有的艺术教育的基础是由孔子奠定的。

此外,我们也应看到,奴隶主贵族们奉行"德成而上,艺成而下"的观念,对以物质性为特征的"工"技艺,采取了鄙薄的态度,从而使得这一内容的传授只能以父子相传、世代相继的方式进行,成为所谓的"世业"。

学校教育与"世业"传授并存,构成了中国古代美术教育的一大特征。由此,我国古代美术教育就形成了以精神性为主旨的美术教育和以实用性为主旨的美术教育,前者可称为"艺"的美术教育,后者则可称为"技"的美术教育。

（一）有关"艺"的美术教育

"艺"的美术教育浮泛于上层社会及文化人中,主要作为一种提升道德、陶冶性情的精神文化活动而存在。其特征是重娱乐遣兴,抒情展意。除技艺学习外,还强调通过诗书棋琴、自然山川的熏陶渐染形成整体学习氛围。基本的学习内容是绘画与书法,主要学习方式是师徒式和类学校式。所谓类学校式是相对现代学校而言的,指虽然有某种集约性的学习环境和组织,但与今天的学校教育的管理和组织仍有一定差别的办学方式。比较典型的例子是汉代的鸿都门学和宋代的画院。

鸿都门学创立于东汉灵帝光和元年（178 年）二月,因校址在今河南洛阳的鸿都而得名,被学术界认为是中国乃至世界上最早的文艺专科大学。这所学校开设的课程包括辞赋、小说、尺牍、字画等。招收的学生虽多为社会地位不高的平民子弟,但他们毕业后,大多能获得高官厚禄,甚至封侯晋爵。所以,鸿都门学一时兴盛异常,学生最多时竟达千人。史料未能对其教学组织形式、方法和具体内容提供更多的说明,却向我们提供了关于宋代画院较为丰赡的信息。

继西蜀和南唐设置画院,宋代也建立了类似的机构,史称翰林图画院,设在当时宋代都城汴梁（今河南开封）。

画家一般通过荐举、征召和考试的方法入院,并视画技水平被分别授予待诏、艺学、祗候和画学生等数级职位。严格地说,翰林图画院并非教学单位,而是将散落于社会的画家云集起来,服务于宫廷,满足皇宫贵族"极一时快乐"之需。当然,这类画院也必须兼有教学的职能,而且,画家们一起观摩和临摹宫廷珍藏名画,能营造出互教互学、切磋砥砺的气氛。

为了培养宫廷所需要的专门人才,宋徽宗崇宁三年(1104年),又在国子监另设画学。大观四年(1110年),画学被并入画院。画学因是皇家的美术教育机构,所以管理和教学都较为严格,并有自己的特色。学生的来源有"土流"和"杂流"之分,前者指有一定社会地位的官僚、士大夫子弟,后者则指社会地位低微的庶民子弟。两者不仅分而居之,而且

李　白

连考试的标准和要求也不相同。学生根据成绩而逐步升迁,成绩优异者甚至可不经科举而入仕为官。

画学所教科目有佛道、人物、山水、鸟兽、花竹和屋木等六科。此外,还设有说文、尔雅、方言、释名等学习科目。其中说文的学习包括篆书和音训。可见,这种教学十分重视全面地培养学生的整体素养,而不是一种单纯的技术教育。这一点,还可以从画学的招生方式看到。

画学的考试多以古诗名为题,考学生对诗意的理解和领悟程度,以及通过巧妙的绘画构思、构图创造出意境隽永、令人回味的画作的能力。譬如,"野水无人渡,孤舟尽日横""竹锁桥边卖酒家""踏花归去马蹄香""嫩绿枝头红一点,动人春色不须多"这些佳言妙句就曾被用作试题,至今仍为人所熟知,并津津乐道。画学考试时还十分重视发现学生的创造性,这在《宋史选举制》中可见大概:"考画之等,以不仿前人而物之情态形色俱若自然,笔韵高简为工。"

中国传统美术教育大都比较注重师承关系。唐代张彦远在《历代名

画记》中曾说过:"若不知师资传授,则未可议乎画。"《古代画论》在对画家进行评品时,一般都十分重视探讨其师承关系,关于这点,我们在南北朝的《画品》、南宋的《画继》、元代的《画鉴》和清代的《国朝画征录》等文论中均有发现。张彦远更是下力尤深,对从晋司马绍(晋明帝)到唐代阎立本这段时间里画家的师资传授做了一定程度的探讨。他在《历代名画记》卷二"叙师资传授南北时代"中指出:"至如晋明帝师于王廙,卫协师于曹不兴,顾恺之、张墨、荀员师于卫协,史道硕、王微师于荀昂……各有师资递相仿效,或自开户牖,或未及门墙,或青出于蓝,或冰寒于水……"

师承关系具体表现为直接师承和间接师承两种形式。直接师承即师从某人,耳提面命,亲聆教诲,如北宋黄居寀就直接师承其父黄荃,设色精妙,格调富丽。间接师承,即择取某一画法和风格予以效仿,如明代董其昌就间接师承五代画家董源、巨然等,笔情墨韵,画格明秀。

对于师承与变法的关系,在中国《古代画论》中,有大量可以证明这一点的言论。例如,"师心独现,鄙于采综"(谢赫《古画品录》);"师学舍短"(刘道醇《宋朝名画评》);"师其意而不师其迹"(唐志契《绘事微言》);"有法必有化"(石涛《苦瓜和尚画语录》)等。因此,在画史上,人们对既重师承,又重独创,能"借古开今的画家"是极为推崇的。像元代画家倪瓒,虽以董源、荆浩、关仝、李成为师,却能脱出古法,自成一格,笔法疏简,意境幽淡可见,在师承关系上,"艺"的美术教育是表现出相对的开放性的。

(二)"艺"的美术教育在教学思想和方法上的借鉴与延承

(1)提高学习者整体素养

画品即人品,古人论画往往将画品视为人品——道德、文学修养、生活阅历的反映。因此,学画不仅仅是练习手头功夫,而且要在诸多方面进行同步学习。这种同步学习既能提高画者的文化品味,以区别于下层艺匠,又能提高艺术悟性,是获得学习效果的一环。

古人十分重视对文学尤其是诗的学习。苏轼就曾赞画竹高手文同"诗在口,竹在手"。邓椿更是直言不讳地强调文学修养对画的影响,提出:"画者,文之极也"《画继·论远》。另外,对习画者来说,博览群书,广历人世,也是不可或缺的。南宋鉴赏家赵希鹄对画家的要求是"胸中有万卷书,目饱前代奇迹,又车辙马迹半天下,方可下笔。"明代董其昌也认为:"不行万里路,不读万卷书,欲作画祖,其可得乎?"

除通过提高素养、人品来提高画品之外,我国古代美术教育还非常强调智慧性,追求触类旁通、举一反三的学习效果。比如,弈棋的布局与作画的布局就有相通之处,许多书画家往往借棋道悟画道。这种方法在现代仍为一些画家所承纳,潘天寿、黄宾虹就深谙此道。黄宾虹先生说:"作画如下棋,需善于做活眼,活眼多棋即取胜。所谓活眼,即画中之虚也。"这种以同构性及类比性研习绘画的方法是很值得现代美术教育借鉴的。

(2)临摹、观察、记忆和写生相结合

清代秦祖云说:"麓台云:'画不师古,如夜行无烛,便无入路。'故初学画必以临摹为先。"(《桐阴画诀》)清代董启云也持同样的见解:"初学

欲知笔墨,须临摹古人。古人笔墨,规矩方圆之至也。"(《画学钩玄》)

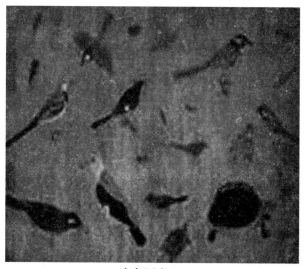

珍禽图卷

临摹可以说是中国古代美术教育最常用的方法。学生习画大都得从临摹入手,选择优秀的范本进行临摹,掌握笔法、墨法,教师教学也是首先选择或自绘好摹稿,亦称"粉本"。后蜀画家黄荃的《珍禽图卷》,可以说是目前所能见到的最早的这类摹本,据传是为其子习画而绘制的。

到了明清时代,一些画家在教学时也常画些册页小品和步骤图,供弟子临摹研习。这类示范性作品后来被称为"课徒画稿"。其中影响最大的要属清代著名戏剧理论家李渔的女婿沈心友编撰的《芥子园画传》,画稿的主要作者为王概、王蓍和王臬三兄弟等。全书分三集,第一集为山水图谱,第二集为梅兰竹菊谱,第三集为花卉草虫及花木禽鸟谱。基本内容包括画法浅说、画法歌诀、诸家画法及模仿各家画谱。全书介绍了中国画基本技法和传统流派,体系较完整。方法上采用的是分析与综合法。一般先以文字总览某一绘画对象的源流和画法要领,接着分成小单元,对其类型画法加以介绍,然后循序进行不同类型的组合,最后形成画幅整体。这种程式化的方式,明白浅显,循序渐进,很适合学生临摹学习。

临摹的方法可分为先博后约和先约后博两种。

先博后约，即先广取博撷，然后再专门精心研习一二家。秦祖永说："作画须要师古人，博览诸家，然后专宗一二家。临摹观玩，熟习之久，自能出手眼，不为前人蹊径所拘。"（《桐阴画诀》）清代释道济也说："古人虽善一家，不如临摹皆备。不然，何有法度渊源，岂今之学者，作枯骨死灰相乎？"（大涤子《题画诗跋》）

先约后博，即先精研一家，入其门庭，然后饱览饫看，广取精华，溶入一家之中，形成自己的独特风格。方熏就持此观点："始入手须专宗一家，得之心而应之手，然后旁通曲引，以知其变。泛滥诸家以资我用。实须心手相忘，不知是我，还是古人。"（《山静居画论》）清代沈宗骞也附合此观点。他说："其始也，专一临摹一家为主，其继也，则当遍访各家。"（《芥舟学画编摹古》）两种方法，各有长短，因人因事而异，不宜遽出评判，具体实施应是各有其效的。

在对待临摹的态度上，人们还是十分智明的，只将其视为学习的入门之径而非最终目的。摹仿不是拘于一家，而是创造自家风格的基础。先"依门傍户"，后"自立门庭"。因此，在具体临摹方法上，主张师心不师迹，不斤斤于形似，而求悟对通解，得其精髓。这类见解在中国画论中比比皆是，不胜枚举，兹择其一二，以为佐证。

唐志契说："临摹最易，神气难传，师其意而不师其迹，乃真临摹也。"（《绘事微言·仿旧》）他还举例说，虽然巨然、米芾、黄公望、倪瓒均法北苑为师，但却各不相似。要是一般人学之，定会要笔笔与原本相同，这样亦步亦趋，又怎么会成就自己的名声呢？

方薰也主张："临摹古画，必须会得古人精神命脉处，玩味思索，心有所得，落笔摹之；摹之再四，便有逐渐改观之效。若徒以仿佛为之，则掩卷辄忘，虽终日临摹，与古人全无相涉。"（《山静居画论》）

盛大士甚至主张，临摹只够取大意，"兴之所到，即彼疏我密，彼密我疏，彼淡我浓，彼浓我淡，皆无不可，不必规规于浅深远近长短阔狭间也"（《溪山卧游录》）

总而言之，学画不食古不行，临摹是食古的最佳方法，但食古不化也不行，最终要脱离古人自成一家。

要创新，则最重要的是师造化；先以古人为师，进而以天地为师，"古人之法是用，造化之象是体"。在造化面前，古人与今人同为弟子，况且古法也来自造化，因此，中国古代美术教育除了重视以临摹的方法取法古人外，尤其重视向自然和生活学习，以此培养习画者的观察能力、记忆能力和写生能力。

苏东坡认为："余尝论画，以为人禽宫室器用，皆有常形；至于山石竹木,水波烟云,虽无常形,而有常理。常形之失,人皆知之;常理之不当,虽晓画者有不知。"(《东坡集》)这说明,对待不同的对象,"师造化"的方式是不同的。

对山川自然重其势的表现,"盘纡纠纷,咸纪心目",主张身临其境,饱览饫看,观察体悟,在记忆中化为意象,然后赋之于笔墨。

《唐朝名画录》中载,天宝年间,唐明皇玄宗思念四川嘉陵山水之秀,遣吴道子去写生。吴道子回来后,玄宗欲看其写生稿,吴道子回答:"臣无粉本,并记在心。"在玄宗的授命下,吴道子一日之内即将嘉陵江三百里佳景绘于大同殿上。

中国传统绘画与自然的距离较西画与自然的距离大,所以在感知与作画之间,记忆起着极大的作用。这有利于画家脱离具体形象,进行主观与客观的交融,筛除琐细,突出精髓,进行主动自由的创造。因此,记忆在求"常理"的中国山水画教学与训练中具有举足轻重的地位。在重"常形"的人物画中,也常用记忆之法。五代画家顾闳中创作的著名作品《韩熙载夜宴图》就是通过目识心记,凭记忆画出的。

至于描绘花鸟翎毛之类,则要求审物精细,契合常形。郭若虚在《图

画见闻志·论别作楷模》中说道："画翎毛者，必须知识诸禽形体名件。"写生是表现对象的基本方法，甚至成为花鸟画的代名词。唐志契在《绘事微言》中指出："画人物是传神，画山水是留影，画花鸟是写生。"清连朗在《绘事雕虫》中说："万物可师，生机在握。花坞药栏，躬亲钻貌，粉须黄蕊，手自对临。何须粉本，不假传移，天然形式，自得真诠也"。又据《皇朝事实类苑》记载："赵昌善画花，每晨朝露下时，绕栏谛玩，手中调彩色写之，自号'写生赵昌'。"

当然，在中国传统绘画中，对景写生仍不算主要方法，其地位也不如在西画中高，主要原因是花鸟画在古人心目中远不及山水画那么重要。明代屠龙说："画以山水为上，人物小者次之，花鸟竹石又次之，走兽虫鱼又其下也。"（《画笺》)唐志契也认为："山水第一，竹树兰石次之，人物花鸟又次之。"（《绘事微言·看画诀》)中国传统绘画艺术的最高成就，以及中国传统绘画美学思想的主要体现者是中国的山水画艺术。

由于山水画相应为重，所以，临摹、记忆的方法就成了中国传统习画的主要方法。临摹主要是从古人处学习笔墨之法，然后在自然山水中，体悟其理，营造意象，借由临摹所得之技法，将其物化于纸（绢、墙）上。写生之法因主要限于花鸟，而花鸟在人的心目中又"多出于画工"，故其受重视程度不及山水，写生之法也就不堪与临摹之法相比。但是，因为花鸟画也属中国绘画的重要部分，所以，写生的训练之法也是不可小觑的。现代美术教育中，写生之法已成为主要的教学方法，从借古丰今的角度说，我国古代写生之法是很值得学习借鉴的。

（三）有关"技"的美术教育

"技"的美术教育具有实用性和物质性的特征，主要指在社会中属于匠的一类人的能力。与"艺"的美术教育独倚绘画不同，其范围更为广泛。据我国现存最早的工艺书籍《考工记》(前221年前)载述，品类竟达三十余种，分属攻木之工（轮、舆、弓、庐、匠、车、梓），攻金之工（筑、冶、凫段、挑），攻皮之工（函、鲍、韦、裘），设色之工（画、绩、钟、筐、慌），刮摩之工（玉、榔、雕、矢、磬）和埴之工（陶、砖）六大类。可见，"技"的美术教育几乎包含了画、塑、铸、剪、刻、雕、漆、烫、磨、贴，技艺特色浓郁。"技"的美术教育基本上是以严格的师徒传授制来完成的，呈严密的封闭状态。由《考工记》中，我们可见此类工艺传授的大概："知者创物，巧者述之，守之世。"我国当代著名工艺美术理论家、教育家张道一先生对此的解释是："有智慧的人创造器物，工巧的人遵循制作的方法，加以承传。父亲传给儿子，终世保持一种技艺。"

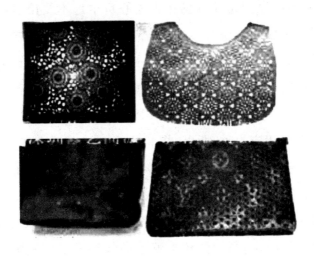

这种师徒相传，父子相承的教学方式，利弊相衡，得失互抵。一方面，它有助于某种技艺向精深圆熟发展，另一方面又容易形成封闭保守，拒斥新意的机制，甚至导致某一技艺的失传消泯。

当然，在中国历史上少数极开明的社会中，也有以官办形式进行工艺教育的。唐代就曾开办过类似于工艺专利学校的教学机构，附设于专管手工业制造的少府监，聘用社会上技艺超群的师傅教授学徒。训练时间则因各种技艺的难易程度而异，如精细雕刻镂花学期为四年，制造车轿、乐器学期为三年，制作大刀长矛学期为两年，制箭、竹工、漆工、屈柳学期各为一年,做礼帽头巾学期为九个月。学徒在制造的器物上须刻上姓名,以备考核。

从历史大的方面看,这类"百工"之事是不曾受到真正重视的。虽然《考工记》中曾指出:"百工之事,皆圣人之作也",但事实上属于匠的那一类人的地位是十分卑下的,不仅得不到官方的青睐,还受到一些所谓有士气的画家和文人的鄙夷。张彦远就认为工匠之画,画格不高,"自古善画者,莫匪衣冠贵胄,逸人高士,振妙一时,传芳千祀,非闾阎鄙贱之所能为也"。郭若虚也持同样的观点:"窃观自古奇迹,多是轩冕才

贤,岩穴上士,依仁游艺,探赜钩深,高雅之情,一寄于画。"其他如苏轼等人,也都曾流露过这类偏见。相反,属"艺"的那一类画家却因具有某种学术层次,受到官方的垂青和文人墨客的推崇。

早在公元 220 年三国时期的画家曹不兴就已留名青史,晋代画家顾恺之则因提出了"以形写神"和"迁想妙得"的"传神论",更是名播遐迩,与此形成对照的是,中国许多才华横溢的艺匠,纵然创造了精妙绝伦、价值恒久的艺术珍品,也只能落个寂寂无闻的佚名者。我们可以看到,以官方和文人为代表的中国古代美术教育是倚重怡情悦性,陶冶情操的。

在中国,纯精神意义的美术之所以受重视,自然有其深厚的文化基础。中国文化在对待人与自然的关系上,比较重视个体内心世界的修炼,以求通过个体身心的平衡和稳定,达到人与人、人与自然关系的和谐平衡,而对物质世界则较少进行分析性的研究和探索。

尽管如此,"技"的美术教育仍然是中国传统美术教育不可分割的重要部分,包含着一些值得借鉴的东西。其中最为突出的就是利用口诀进

行传授的教学方法。口诀往往言简意赅，要领突出，既利于学习，又便于记忆。托名荆浩的《画论》就被认为是民间画工经验的总结。其中关于画人物的口诀有"将无项，女无肩"；关于色彩配置的有"红间黄，秋叶坠。红间绿，花簇簇。青间紫，不如死。粉笼黄，胜增光"；关于人体比例和面部神情的有"坐看五，立量七"和"若要笑，眉弯嘴翘。若要哭，眉锁额蹙"等等。像这类画诀、塑诀在民间并不鲜见，它们工整齐对，朗朗上口，不失为技法传授的有效方式。

二、中国近代美术教育

1840年的鸦片战争揭开了中国近代史的序幕。透过被砸开的大门，人们幡然看到了西方科学文化的强大，痛彻地感到一个民族要强盛就必须重视科学，重视经世致用的以物质生产为目的的实用知识。一些有识之士敏锐地看到中国教育的弊端，科举制误国误民，改革旧教育的呼声日甚。"新学"如雨后春笋般在奇石怪岩中倔强地生长起来。与帝国主义军事入侵结伴而来的文化入侵，使得教会学校在中国大量

姜丹书先生

出现。另外，中国原有的传统教育也并未销声匿迹。中国近代美术教育就是在这一背景下诞生的。

中国近代美术教育的出现，依据我国著名美术教育家姜丹书先生的见解，可分近因和远因两种。近因是废科举，兴学堂。科举教育是以私塾教育为特征的，私塾教育排斥艺术教育，近代学校教育则包括艺术教育，因此，私塾教育与学校教育实际上成了艺术教育变动中划时期的分界线。远因是由于西洋人传教和通商的关系。洋教和洋货的大量进入，使西洋的艺术为国人所认识。直观性很强的艺术，甚至成了"欧化"的主

要原因,"须知最易感受欧化的,莫先于艺术,莫捷于艺术,莫普遍于艺术,亦莫深刻于艺术"。

姜丹书先生的分析固然有其道理,然而,中国近代美术教育之所以发展得如此迅猛,更直接的动力还是科学与实业。

西方近代人文科学的传入,声、光、化、电等实用科学的普及,使国人看到西方学校开设的教学科目大多与"绘事"相关,比如,"算学"要大量使用图画,"地理"须使用各种地图,地质学得依靠测绘图,"植物学"则离不开标本图。人们从科学和实业的角度认识到了美术作为促进社会物质生产发展的工具性价值,这在早期洋务派创办的新式学堂中有所反映。

1866年,左宗棠在福州设马尾船政局,内设船政学堂。其教学科目除数学、物理、化学、天文学、地质学外,还包括画法。1867年又设马尾绘事院,培养制图专门人才,内分二部:一部学习船图,一部学习机器图,学生被称为"画图生"。

随后,开设有图画(制图)科的新式学堂日渐增多,其中主要有:1880年创办的天津电报学堂、1890年创办的江南水师学堂和1895年创办的天津中西学堂。

要发展教育,兴学育才,培养新式师资就成为关键问题。这自然导致了我国师范教育的萌芽。

我国近代教育活动家张之洞于1902年创办的(1904年正式开学)两江师范学堂(初名三江师范学堂)是我国最早的师范学校之一。该校设本科、速成与最速成科三科,以培养高、初级二级小学堂教员为宗旨。所学课程为修身、历史、地理、文学、算学、教育、理化和体操等。图画也为其中的必修课程,另设有法制、理财、农业和英文等随意课。1905年,这所学校改为以培养初等师范学堂和中学堂教员为宗旨的优级师范学堂。

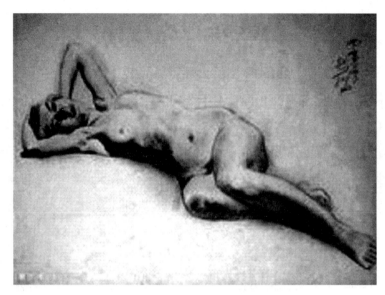

1906年，学堂监督（校长）李瑞清奏请获准，创办了我国高等师范院校第一个美术系科——图画手工科。"学科以图画手工为主科，音乐为副科，兹单以图画言之，西洋画（铅笔、木炭、水彩油画），中国画（山水、花卉），用器画（平面、立体）、图案等。"

图画手工科的设立采用了资本主义国家美术教育体制，所设课程全面而完备，并且注意突出美术师范教育的特点。图画手工科开设的课程为：教育为总主科；图画、手工为主科；音乐为副主科；国文、英文、日文、历史、地理、数学、体操为副科。学生需通过预科文理普修方可进入图画手工科学习。

图画手工科本科的课程主要为教育。包括教育史（此先在预科中教起）、教育学、训育论、心理学、伦理学、各科教授（学）法、教育行政及小学设置等。每周约四五小时，教师是日人松本孝次郎和松浦杖杖作。

图画、自在画——素描（铅笔、木炭及擦笔）、临画及写生、立体几何画、静物及石膏人像（有些先在预科中教起）、单色石膏、铅笔淡彩、水彩画（静物、动物标本写生及野外风景练习）、速写、油画、图案画等。教师是日本人盐见竞。

又加国画,当时称"毛笔画"——山水、花卉。教师是萧俊贤。

用器画——平面几何画(先在预科中教起)、正写投影(当时称"投象")、均角投影、倾斜投影、远近投影(透视画)、画法几何等。教师是日本人亘理宽之助(短时期)及盐见竞。

每周图画时数有十余小时(国画时数另加)。

手工(后称工艺、劳作,发展而为工艺美术)、纸细工——包括折纸、切纸、粗纸、捻纸、厚纸、纽结细工(与捻纸结合)、豆细工、黏土细工(塑造、烧窑——素烧、釉烧)、石膏细工(浇造、雕刻、翻模型)等。

以上先在预科中教起。再加竹工、木工、漆工、辘轳工(旋工、车床元件)、金工(针金工即线金工钣金工——小焊、火焊、变色、蚀雕、镀金及锻工)等。教师:预科时是日本人杉田稔,本科时是日本人一户清户。每周手工时数为十余小时。

本科时,除这些主要功课外还有几种副科,如:伦理(每周只一小时)、力学(为了与手工配合)、日文(为了增加看参考书的能力)及体操(柔软、兵式)。

两江优级师范学堂的图画手工科接连办了两班,培养了我国第一批美术师资人才五六十人,其中包括汪采白、吕凤子、沈溪桥、李仲乾、姜丹书、吴溉亭、李健等在中国近代艺术教育史上颇有影响的人物。毕业生主要分配在江苏、安徽、江西、湖南、广东、四川、山西和北京等地,有的直接从事中、小学美术教育,为我国新美术教育的发展起了重要的作用。李瑞清也因其卓越的贡献被尊为中国近代美术教育的先驱者和奠基人。

此后,保定优级师范学堂、浙江两级师范学堂、广东优级师范学堂以及在两江师范旧址重新建的"国立南京高等师范学校"也设有图画手工科(班)。辛亥革命后,一些已建的师范学校,如北京高等师范、北京女子高等师范、成都高等师范都相继开办了图画手工专修科。此外,我国最早的中等师范学校——通州师范学校（现江苏省南通师范学校）也开设了图画、手工课作为主要课程。

　　辛亥革命前，培养绘画专门人才的学校尚未出现。但1852年间上海徐家汇天主教堂内附设的"土山弯画馆"值得一提。这所画馆虽属工艺工场的一部分，但主要是训练宗教画人才。学生皆为中国信徒，教师则为法国传教士。教学采取工徒制，内容包括擦笔画、木炭画、铅笔画、钢笔画、水彩画和油画等技法，课堂作业主要是范画临摹。该画馆还于1907年出版了《绘事浅说》《铅笔画贴》等书，影响较大，对中国的美术教育，尤其是西画教育有一定推动作用，以至被徐悲鸿先生称为"中国西洋画之摇篮"。

　　我国正式的中小学美术教育在19世纪末即已开始。我国早期艺术教育家吴梦非先生1903年曾就读于家乡一所自戊戌政变（1898年）以后开办的"洋学堂"。（小学）学堂仿日本课程设有图画手工课，但因师资不足，教学多以国画的描绘方式为主。当时的小学美术课堂教学主要是以临摹方法上课，而且是临摹教师在黑板上或画纸上画好的范画。

此后，一些有志于美术教育的知识分子，模仿日本和欧美的美术教育体制，开始尝试新的美术教学方法，编写出版"美术教科书"。俞复创办的"文明书局"1902年印发了一套学堂蒙学课本，其中就有丁宝书编写的《新习画帖》五种、《铅笔画帖》四种、《高小铅笔画帖》三种。商务印书馆也出版了徐永清编绘的《中学用铅笔画帖》八册。毋庸讳言，这些教材对我国新式美术教育的普及起了重要作用。

我国学校美术教育的地位的确立，是在清政府1904年1月颁布的我国近代第一个正式施行的学制——《癸卯学制》确立的。自此图画和手工堂而皇之地进入了我国小学、中学和师范学校的课堂。

我国近代美术教育的发展，是伴随着经世致用的实用科学的普及而出现的，美术本身在当时被视为"实学"。关于这一点，可以在《学部奏请宣示教育宗旨折》中找到证据，上面规定："格致（物理、化学等自然科学）、图画、手工，皆当视为重要科目。"《癸卯学制》还规定了中、高等工业学堂开设图稿绘画科。

正是由于对科学和物质文化的重视，原先属于"技"的那部分美术形式借助于这种浮力迅速在我国各级教育组织中出现，形成了与养性艺术并驾齐驱的局面。至此，中国近代美术教育的格局正式形成。我国今天的一般美院与工艺美院的并存，绘画专业与工艺专业的并存，中小学内容中的绘画与工艺并存的现象便是这种格局的延续。

在当时的新学体系中，属于"技"的美术形式和内容受到了前所未有的重视，这可以说是中国美术教育思想有史以来发生的一次重要偏移。这种现象也在《癸卯学制》的有关规定中反映出来。

其中初小的图画教学要求是："图画之要义在练习手眼，以养成其见物留心，记其实像之性情，但当示于简易之形体，不可涉复杂。"

高小为："图画要义在使观察实物之形体及临本，由教员指授画之，练成可应用之技能，并令其心思于精细，助其愉悦。"

中学堂则为："习画者,当就实物模型图谱,教自在画,俾得练习意匠,兼讲用器画之大要,以备他日绘地图、机器图及讲求各项实业之初基。"

从上述规定中,明显可见国家对美术教育的态度带有某种实用功利性。

偏激地追求物质生产,容易引起情感生活的匮乏,这在西方社会已有前车之鉴。德国著名思想家席勒清醒地意识到工业化和现代文明的双重性,它一方面推动了人类社会的发展,另一方面也导致了人的工作的机械性、零碎和被动以及人性的委顿,破坏了人的本质的和谐。因此,他极力推崇古希腊人所具有的完善人性,认为在现代社会中审美体验和艺术活动是弥合人格分裂的最好的黏合剂。中国传统文化历来注重人的性格的自然完美性,重视精神的调养和熏陶。所以,在中国席勒等人的观点很容易获得共鸣。

深受西方近代文化思潮影响,中国传统文化根基深厚的中国启蒙学者王国维、蔡元培等人正是西方人本观念在中国的呼应者。他们在中国力倡美育,并努力使之成为教育的一个组成部分。王国维在 1906 年发表的《论教育之宗旨》中指出:"独美之为物,使人忘一己之利害而人高尚。之域,此最纯粹之快乐也。"而对美育倡导最力、感召最大的当属蔡元培先生。他提出了"以美育代宗教"的著名观点。他指出:"我以为现在的世界,一天天往科学路上跑,盲目地崇尚物质,似乎人活在世上的意义只是为了吃面包,以致增进了贪欲的特性,从竞争变为抢夺。我们竟可以说是大战酿成的,完全是物质的罪恶。""我们提倡美育,便是使人类能在音乐、雕刻、图画、文学里又找到他们遗失了的情感。"蔡元培还进而分析了美术中的各种成分:"图画,美育也,而其内容包含各种主义:如实物画之于实利主义,历史画之于德育是也。甚至美丽至尊严之对象,则又可以得世界观。手工,实利主义也,亦可以兴美感。"鲁迅先生对美育也是大力推崇,身体力行。他在 1907 年发表的《摩罗诗力说》以及 1912 年发表的《拟播布美术意见书》中，极力推崇美育，将美育主张与艺术创作结合起来，希望通过艺术提倡美育，传播美育。

当时中国出现的这股美育思潮，不可能不影响到美术教育思想。关于这一点，我们可以在辛亥革命后蔡元培先生任教育总长时颁布的《普通教育暂行办法》中看到。其中《小学教则》规定："图画要旨，在使儿童观察物体，具摹写之技能，兼以养其感……"《中学教则》中规定："图画要旨，在使详审物体，能自由绘画，兼练习意匠，涵养美感……"将这些规定与《癸卯学制》中的有关规定作一比较，即可以发现中国美术教育思想的砝码又向"艺"的方向侧重了一些。足见蔡元培先生的美术教育思想在当时已是相当完备了。

蔡元培先生不仅从理论上全面和深刻地提出了将美育与世界观教育结合起来的国民教育思想，而且身体力行，精心呵护美育团体及美术学校。他关怀并支持成立了北京大学画法研究会，对我国几所最早的美术院校的诞生也都鼎力支持。1918年4月5日成立的我国第一所公立美术学校——北京美术专门学校、1927年秋成立的中央大学艺术系、1928年3月成立的杭州国立艺术院以及我国现代教育史上第一所正规美术专门院校——1911年冬成立的上海图画美术院都不同程度地得到过他的支持和帮助。

中华民国成立至1949年中华人民共和国成立期间，美术教育事业尽管波折迭起，时畅时滞，但总的说来，发展还是很大的。这主要表现在大批美术院校的出现，其中尤以私立居多，而且大多分布在南方诸省市。普通学校的美术教育也有长足进步，美术进入了许多中小学的课程表。

在一些时期内，美术课的课时量也较多，开课的范围也较大。初一、初二一般都能维持每周2学时的美术课，初中至少能保持每周1学时，甚至高中也能开设美术课。1933年11月颁布的《中学课程标准》首次规定图画为高中必修课。第一学年每周1小时，第二三学年每周2小时。在

此期间,对美术教育的认识也是比较正确的。例如,1932年10月颁布的《小学课程标准》规定美术教育的目标为:

(1)顺应儿童爱美本性,以引起研究美术兴趣;

(2)增进儿童美的欣赏和识别程度并陶冶美的发表和创作的能力;

(3)引导儿童对美术原则的学习和应用,以求生活的美化。

再如,1948年9月颁布的《小学第二次修订课程标准》规定的目标为:

(1)顺应儿童爱美的天性,使有欣赏美术、学习美术的兴趣;

(2)增进儿童审美的能力,使有美化环境、美化生活的智能;

(3)发展儿童关于美的表达能力和创造;

(4)指导儿童对于我国固有艺术的认识和欣赏。

此外,中央苏区和解放区的学校也开设了美术课,而且具有自己鲜明的特点。

从近代学校美术教育的诞生到新中国成立这段时间,出现了许多对美术教育卓有贡献的人物和优秀的美术教育家,如康有为、梁启超、王国维、蔡元培、李瑞清、李叔同、鲁迅、刘海粟、徐悲鸿、颜文樑、林凤眠、姜丹书、丰子恺等。他们对中国近、现代美术教育的形成和发展功绩卓著,是值得后人敬仰和怀念的。

三、新中国成立以后的美术教育

新中国成立以后的美术教育可分为三个阶段:

(一)建国至20世纪50年代末

美术教育的发展基本上处于正常状态,政府有关部门先后颁布了有关政策,保障了美术教育事业。1950年印发的《小学美术课程暂行标准初稿》,鼓励各地制订切合实际的美术教学计划。尤其是1952年颁布的《小学暂行规程草案》和《中学暂行规程草案》中都明确提出了美育的问题,极大地激发了美术教师敬岗爱业的工作热情,学习业务、研究教法蔚然成风。一些美术教育译著和专著也陆续出版发行,产生了良好的影响。1956 年,教育部还首次公布了全国初中、小学及师范学校图画教学大纲(草案)。当然,这时的美术教育也存在一些偏隘,如独尊苏联,一概排斥其他国家的经验。尤其是苏联沿用的俄国杰出美术教育家巴维尔·契斯恰柯夫的一整套美术教学方法对我国美术教育影响极大。这一套教学方法用严格的科学程序,训练学生精确摹写外界事物表象的能力。作为一种具体的教学方法,它的效果十分显著,但上升到美术教育思想的高度来看,却有一定的缺陷,主要是"寒性"太重,"暖性"不足,学生的感情、个性表达和能动的创造精神容易受到遏制。这种方法如运用于普通美术教育中,往往会以其特有的难度和单调性,影响学生的学习兴趣和信心。

(二)50 年代末至 70 年代末

由于频繁的政治运动和其他原因,美术教育的地位一落千丈,美术课被随意削减,甚至取消。美术教师的积极性被严重挫伤,很多教师被迫另谋他就。

(三)70 年代末以后

随着"四人帮"被粉碎,社会生活秩序的正常化,顺应精神生活与物质生活同步发展和改革开放对人的全面素质要求,美术教育勃然复兴,其势如丸走坂。美术教育在各级各类学校得以复苏,尤其是城镇学校,基本上恢复了美术教学。

这期间美术教育的发展主要体现在以下几方面:

(1)美术教育形成了较为合理的组织管理系统

国家教委设置了社会科学与艺术教育司(现改为体育卫生与艺术教育司),成立了艺术教育委员会负责咨询、组织全国的艺术教育工作,并于 1990 年 1 月正式颁布了《全国学校艺术教育总体规划》(1989～2000年),对一段时期内艺术教育的发展目标和主要任务、管理、教学、师资、教学设备器材、科学研究等问题进行了具体而明确的规划。1993年2月13日中共中央、国务院印发的《中国教育改革和发展纲要》也明确地提出："美育对于培养学生健康的审美观念和审美能力,陶冶高尚的道德情操,培养全面发展的人才,具有重要作用。要提高认识,发挥美育在教育教学中的作用,根据各级各类学校的不同情况,开展形式多样的美育活动。"所有这一切在中国教育史上是十分鲜见的,体现了国家对美术教育的承纳和关心。另外,从国家到省市地县还成立了多级美术教育研究会,形成了信息传播和反馈的完整系统。美术教学一反以往美术教师单枪匹马的局面,而初步显示出组织化和有序化的特点。

(2)美术教育范围扩大,品类增多

美术教育除在艺术院校和大多数普通学校正常进行外,还在社会更广阔的范围得以开展,如幼儿美术教育、职业美术教育和老年美术教育,这些年来已获得了空前的发展。不仅如此,美术教育还向一般文科、理工科大学渗透,如北京大学、上海交通大学等高校都设有美术选修课,目前这种情况愈发多见。

(3)重视美术师资的培养

为了弥补师资数量和质量上的不足,国家除恢复原有的美术师范院系外,还增办了一定数量的师大及师专美术系科,而且全国除一两所美术院校外,一般美术院校还设有师范系,承担了师资的培养工作。所有这些院系为新时期美术教育培养了大批新的师资,同时也为原有教师提供了进修深造的场所和机会。当前我国已能培养出硕士层次的美术教育教学及研究人才。

(4)教材建设和科研活动的开展

1979~1982年,我国颁布了从幼儿园到高师美术专业一整套教学大纲,重新编写了中、小学和中师美术教材。这套教材广泛吸收了现代美术教育的成果,基本体现了美术学科的知识特点,符合教育学和学生知识水平及接受能力的要求,以全新的面貌取代了历年的美术教材。这套教材所构成的模式至今仍有广泛影响。1992年国家教委审定并正式出版了九年义务教育全日制小学及初级中学的美术教学大纲。大纲分别对小学和初中的美术课的性质进行了较为科学和准确的描述,并明确提出了各自的教学目的,详细规定了教学内容和要求,以及选择教学内容的原则,成为我国新时期小学、初中美术教学的纲领性文件。遵循国家教委"一纲多本"的精神,各地都积极从事教材研究和建设,编写了一批有一定质量和创新的教材,促进了美术教育的研究和教学的开展。

这一时期,科研活动在美术教育界开展得如火如荼。1979年,我国第一个美术教育研究机构——南京师范学院(后改为南京师范大学)美术教育研究室诞生,由该研究室编辑的我国第一个以研究普通美术教育为主旨的理论刊物《美术教育通讯》在国内公开发行。随后,其他一些院系也相继成立了类似的研究机构。国家教委1989年底在南京师大主办的《美术教育》(前身为《美术教育通讯》)的基础上创办了国家级刊物《中国美术教育》。1992年秋人民美术出版社又创办了《中国中小学美术杂志》。

随着国际间文化教育交流活动的开展,国外一些新的美术思想和方法也被介绍到国内。这进一步激发了美术教师的科研积极性,扩展了他们的眼界和思维空间,一时间理论探讨之风甚烈。许多美术教育研究者和教师不再是盲目地照搬和沿用某种教育思想和教学模式,或被动地服从由某种途径和方式灌输和强加的美术教育思想,而是运用哲学、教育学、心理学、艺术学以及社会学的知识,从不同的角度对美术教育的本质、功能和方法进行主动、广泛和深入的思考,自觉地择取某种教育的价值取向,探索适合这种价值取向的教学方法。中国美术教育思想呈现出一种多元化局面。

在粗略地完成对中国美术教育的概述后,还应对一些要点加以说明。

其一，原始美术教育的演变、发展十分复杂，罕有文字记载，加之美术教育思想和事迹又不可能被"物化"出来供人考据，因此，要明白无误地对其进行描述是很难的，对原始美术教育的一些见解和观点，不可避免地带有"假说"的性质。如果承认"假说"在科学发现中的重要作用，那么我们对原始美术教育的假说是："体现目的与方法关系的美术教育思想在原始时代尚未形成。而这种美术教育思想只有到了美术活动的方法与目的之间的关系变得复杂，中介关系增多，美术教学方法获得相对独立的形式特征而成为人的意识的对象时，才会形成。"

其二，中国美术教育思想是沿着"艺"和"技"两条脉络演变、发展的。在漫长的封建社会中是以重"艺"为特色的，而近代则重"技"。其间虽有蔡元培等人做了一些统一和平衡的工作，但收效甚微，他们的美术教育思想在具体的教学活动中仍未被充分体现出来。这种局面一直持续到建国以后相当长的一段时间，直到 20 世纪 70 年代末两者才逐渐呈统一状态。

形象地说，中国美术教育宛如两条潺潺小河，穿梭于莽林野草之中，迂回于群山沟壑之间，时隐时现，忽聚忽散，沿着历史的河床向前缓缓流

动,最终流入一个开阔的平原,两股河流浑然一体,加之旁流汇入,形成了一个更大的流渠,尽管还有宽窄徐疾之变化,但总算是滔滔向前而去了。

其三,美术教育与科学、物质活动关系十分密切。历史上,美术教育的重大发展,都是由科学和物质生产的发展所推动的,如西方科学文化近代在中国的传播,中国实业的兴起,不仅使中国出现了"新学",而且使美术进入了普通学校的课程表。新时期中国对"四个现代化"的追求以及对经济生活的重新肯定,促进了我国美术教育的全面恢复和发展。西方在资本主义制度确立之后,物质生产迅速发展,美术课开始在普通学校设立的事实,也是这一结论的又一佐证。

历史悠悠,几经曲折的中国美术教育,至今已初具规模。随着社会的不断进步,它必将在培养人的全面素质和服务于经济生活方面发挥越来越大的作用,并日臻成熟和完善。

四、中国美术教育的前景

将国内外美术教育的诸多方面加以比较,以规划并展望中国美术教育的前景。

(一)从美术教育的目的、任务来看

德国巴伐利亚州于1985年颁布的小学美术教育目的、任务是:

为儿童提供自由绘画的机会,激发他们丰富的想象力;使儿童在自己的艺术创造中得到快乐,发展他们多方面的创造能力;教师应指导儿童有意识地注意和观察,在熟悉制作工具、材料和技能的基础上,发挥他们的表现能力(绘画语言和表达方式);参观教堂和博物馆,使儿童有机会看到真正的艺术品;使儿童在年度的节日庆祝活动中进行装饰布置和多种形式的游戏表演。

日本文部省于1980年实施的新修订的小学美术学习指导精神(目的、任务):

① 培养具有完美人性的孩子;

② 培养儿童热爱自然和社会的审美情操；

③ 努力发掘每一个儿童独立思考的创造性智能和技能；

④ 造就轻松、活泼、充实的校园生活气氛；

⑤ 在尊重普遍道德原则的同时，对孩子进行适合其个性和能力的教育；

⑥ 精选教学内容，调整授课时间；

⑦ 各校谋求更加具有弹性的教育，即根据各地区儿童的不同情况，制订贴切可行、各具创意的教育方式。

我国 1988 年国家教委颁发的小学美术教学大纲中提出美术教育的目的是：

①小学美术课应使学生掌握浅显的美术基础知识和简单的造型技能；

②在教学中着重培养学生高尚的审美情趣和爱国主义情感，加强品德、意志的培养；

③逐步提高学生的观察能力、形象记忆能力、想象能力和创造能力。

(二)从大纲制定的教学目的来看

德国、日本的美术教育注重素质的培养，重视人的创造能力与评价能力，强调个性形成，注意与其他学科的相互联系，把美术教育作为全面育人的重要组成部分，通过美术的教育获得全面谐调的人，将生活乐趣、艺术实践、社会服务三者统一。我国的小学美术教育除了讲究智力和才能的发展外，主要强调知识的传授和技能的掌握，特别考虑政治前提下的爱国主义为主题的美育。这说明中国的小学美术教育由立足于民族的基础和本国国情，正在逐步向以素质教育为主的方向转换。

(三)从课程设置和教学内容的安排来看

德国、日本普遍重视美术，小学美术课时安排每周 2～4 小时，多于我国小学美术每周 2 课时（不能保证）的安排，从时间上保证了孩子们的学习。美术科在学校教育中与语言、数学等其他学科具有完全等同的地位。绘画、立体制作和生活用品制作占有很大比例。德国还把舞台表演与布置(综合艺术)纳入造型艺术进行学习。教学内容的安排非常广泛，德国没有统一的教科书，只有以大纲形式印发的教学建议，低年级不单独开设美术课，内容的选择几乎由美术教师全面规划。日本虽有美术教科书，也体现出很大的自主性和灵活性。教学内容做到以提示、启发、引导为主，注重培养学生的观察、想象、实践、创造能力。以小学一年级为例(德国巴伐利亚州)，摘录如下：

①学习内容——用彩色铅笔或粉笔进行绘画(儿童遇到的人和物)；学习目的——激发想象创造。题目的例子——我和我的圆锥形纸袋(德国风俗，新生入校第一天每人带一个彩色圆锥纸袋)；我喜欢的人；我们的街道；30号的孩子们；有两个鼻子的女巫；山谷中旅行遇到了侏儒；修长的汉斯；肥胖的迪思。题目举例——"这样一个女巫"的教学，首先朗读或讲述，接用一个布袋木偶进行表演；儿童自己设想各种女巫，如天气女巫，并描绘出她们的外表；而后儿童绘画；最后共同观看完成的图画。

② 舞台的景象。

③ 用管状颜料印花。

④ 用水彩色绘画的基本常识。

⑤ 填色画。

⑥ 观看图画等。

日本的低年级美术教学内容则包括：造型性的游戏（玩砂、化妆等）、绘画立体（泥塑、纸模型等）表现、制作使用物品和观赏作品。教科书很少介绍作画和制作的必要知识，而是以学生们的作业（作品）再配上简短生动的文字启发，引导他们去思考、想象、创造。课题有：《画相扑》《买果汁》《到了花之国》《贺卡》《请柬》等等。

我国一年级美术教学内容以人民教育出版社的教科书为例：有基本形状和色彩的认识，画出生活中与此形相似的某些事物，如方的手绢、圆的气球和三角形的小旗，制作拉花、小彩旗、泥塑小动物等。有些省编教材，像湖南新编的九年制义务教育小学美术第一册还有撕贴、折剪等乡土美术内容。在教材内容的安排上，受大纲指导，考虑得很完善、很周全，在某程度上优于国外，但在美术课时的安排上归类为"小三门"（音、体、美）之末，绝大多数学校（特别是乡村小学）是不能完成教学任务的。我国的小学美术的课程设置和实施与大纲教科书形成一定反差。中国的基础美术教育还需从教学的条件上来保证贯彻落实。

（四）从教学的条件上来看

德国、日本属于经济发达、科技先进的国家，有能力多途径支持教育，在小学美术教育上已充分体现出来。德、日两国各学校均有专门的劳动、美术教学。教学设施相当完备，除了必需的绘画工具材料外，还有各种木工、美工造型机械的工具，便于学生制作不同材质的工艺品，各种标本、写生教具一应俱全，让学生各取所需，潜心投入美术的学习之中。有些学校的美术教学条件是中国专业画家都无法相比的。两个国家的教师工作都很忙，地位也很高，必须取得相对较高的职业文凭和资质才能当一名美术教师。多数学校的校园环境和校外环境都注意艺术的影响，学生能够经常去博物馆、美术馆、展览馆参观、欣赏品位较高的美术作品。

中国的经济起步晚，教育的投入很少，相比德、日的教学条件就显得寒酸了。大、中城市的小学美术教学条件很不健全,师资素质较低,缺少场地和设备,加之对学校美术课程的不够重视,中国小学美术以素质培养为主导的教学还显得很薄弱。

(五)从课程教学形式来看

德、日学校课堂授课完全是开放式的。教师只是提出任务,稍加启示,大部分时间都是让学生各取所需,各得其乐,让学生在成功里进步,在失败中吸取教训、总结经验。教师是活动课程的准备者、组织者,只在学生有困难需要帮助时,才帮助他们,真正体现出以学生为主体。

我国小学课堂授课绝大部分采取的是严谨的准备,一环一环进行教学程序,追求课堂的主动性,以保证完成教学任务,主要还是教师为主导,学生大多只是被动地吸收。听课看课都讲究形式,实际效果如何是不管的。很多优秀的课,都只是以形式丰富多彩,像唱戏式的用上很多道具来评定的,讲得细、讲得全、讲得稳,就是好。课堂授课还受到很多局限,教者费心,学者费力。

课堂授课的开放与束缚、灵活与机械对学生一生的学习和工作有着深远的影响。从近期目的来说,中国的基础教学好,而长远来说,各种能力,包括学习的能力就显得比外国学生差些,不少升入高一级的学校就读的学生并不是掌握了创造性的学习方法,而是通过大量的加强补习或"勤学苦练"来取得的,造成了有些学生高分低能、动手能力差的状况。德、日学生就显得有魄力、有能力、有闯劲。

(六)从教学效果来看

德、日美术教育以全国的重视和有利的条件,保证了美术教育以至艺术教育的普及与实施,学生整体艺术素质要比我国的高,以至于所有国民对工作、对生活的艺术品位都显得高雅、文明,对工作、对事业也就求新、求异,讲究创造性。由于社会制度的原因,德、日中小学生在升学、就业的多种学科选择中,还直接影响美术素养提高与发展。进入美术院校学习或从事专业美术的人才毕竟是极少数。这并不影响国家美术教育的目的。像日本和光大学教授藤泽典明所说："我们通过这个学科（美术）的教育，目的不是培养理解美术知识和掌握相关技能的'美术修养'的人，更不是造就画家、雕刻家和图案设计师，而是在普遍一般的教育中，透过美术的教育获得全面谐调能力的人，而非偏重智育的不平衡的人。"

我国的美术教育效果和现状极不平衡，大、中城市比乡村要好，沿海地区比内地、边远地区要好。全面发展尤为突出者有之，在国际绘画、制作比赛中获金奖者有之，画家、美术家辈出，基础教育好的一面是世界其他国家无法相比的。当然，这还得力于有条件进行校外培养教育的部门和家庭，望子成龙是中国教育的一种特殊现象。然而，破烂的校舍、缺少专业教师、没有教学设备和没钱上学的学龄儿童还客观存在，这不能不令人担忧。中国美术教育要面向不同地域、不同民族、不同经济条件和不同受教育者，想必是艰难的。

综上所述，我国美术教育的规划设想、前景是好的，与国外发达国家相比，在教育的目的、教学的内容、条件、效果上看还存在一定的差距。随着经济的飞速发展，中国的基础美术教育事业将在不远的将来，跻身世界先进行列。这在近两年来涌现的新型寄宿制学校里，开始得到体现，使我们看到了希望。湖南长沙麓山国际实验学校凭借一流的设施、一流的师资、一流的管理水平推行中、小学教育教学的整体改革实验，其中在美术教育方面就有较大的教改举措，并取得了较好的成绩，现一并介绍如下：

（1）完善美术教学设施，创造良好的学习条件

学校备有专门的美术教室、专用课桌、石膏模型、画板、画夹、实物投影仪、造型灯具等一应俱全。学生绘画用的纸张、颜料、画笔等工具材料，均由学校按需分配。这样既方便了教师指导，又有利于学生练习。

（2）聘请专业教师执教，提高师资业务水平

学校在全省乃至全国范围内选聘优秀教师，其中对美术教师的要求是很高的。凡被聘用的美术教师必须具有美术专科以上学历，有专业强项，有三年以上美术教学经验，有一定的教育教学成果，而且需通过试教和试用考查。对正式聘用的美术教师，学校定期组织外出参观学习，帮助他们积累经验、开阔眼界、提高业务水平。

（3）增加授课课时量，保证学生训练时间

普通班开足国家教委规定的美术课总量，每班每周两课时。学校将两课时连续编排，节约了课前准备和下课收拾用具时间，便于教师系统授课，保证了学生的训练时间。美术加强班的美术课每周安排六课时，另加四节课外活动，做到课内、课外有机结合。

（4）改进教学方法，提高教学质量

教学内容上以省编小学美术教材为蓝本，参照其他教材和用书，灵活地选择，充实了儿童想象画、记忆画、手工制作、立体构成等教学内容。教学方法上以启发诱导、游戏活动为主，注重培养学生观察、想象、实践创造的能力。

（5）开展丰富多彩的活动，优化教学环境

在美术教学方面，学校经常举办作品展优、组织参加各级绘画比赛、促进学生的学习劲头。同时重视隐型教育对学生美育的影响，队报班刊、宣传橱窗的内容定期更换；教室内和走廊上张贴着伟人画像、格言；会议室、活动室及大厅里悬挂着精美的壁画或名画；校训、誓词及巨幅标语镶嵌在洁白的墙壁上……这一切的一切无不给学生以美的熏陶，爱的启迪。正是在这样的氛围中，学生发现美、欣赏美、感知美、创造美的能力得到大大地提高。

第五章 音乐教育对学生艺术能力的培养

我国的教育传统具有悠久的历史,而我国教育的落后和不普及同样也是历史悠久。只是到了近代,西方文化直接推动的新文化运动,才有了较大的发展。系统专门的音乐教育也就是从那个时候才真正有了开端。而西方正规音乐教育早在 15 世纪便已开始了。早就有和声学、曲式学、复调、配器等系统理论,而事实上我国并没有形成自己系统的、科学的音乐理论。我国的音乐理论也是直接在西方国家音乐理论的基础上借鉴、消化、吸收、移植、模仿、改造、发挥,有的甚至是全部拿来的,其实,这种实事求是地、虚心地向别人学习的做法,应该说是一种明智之举。

到了近代,西方的武力入侵、经济入侵,打开了我国的国门,这也使得我们面对突然而至的西方文明大吃一惊。西方列强在向我国倾销鸦片掠夺财富,施加给我国民族屈辱的同时,客观上也带来了先进的技术和优秀的文化。我国所受到的西方的影响,远远大于给予西方的影响。西方的影响几乎渗透到所有的领域,这种选择是历史的必然,是无论谁都阻拦不了的历史潮流。东西方的文化交流是不平等的,音乐上也同样如此。我国的民族器乐也恰恰是在"五四"以后与西方的接触中才有了比较显著的发展,民族乐队的编制就是仿照了西洋管弦乐队的模式组建的;调式和声也直接源于西方传统和声,我国曾经只有支声复调,而根本不知赋格和对位,更没有系统的音乐理论;我国近现代的音乐创作中使用的调式,有相当一部分是西方的大小调式。

也有人认为,我国的近代音乐正是由于受到西方太多的影响而走错了方向,失去了自己。甚至更有极其荒唐者认为新文化运动根本就是错误的，如"从本世纪初以来，在中国发生着的文化（运动）实质上是一个逐步地以庸俗化——通俗化冒充代替现代化的过程。这个庸俗化——通俗化就是梁启超当年从亲身的切肤体验发出的警言：即中即西，不中不西。这意味着，作为一种民族文化的现代文化，已失去了统一性的宗旨，即灵魂。而始作俑者，就是'新文化运动者们'"。（《音乐研究》1993 年第四期，宋祥瑞《关于中西比较音乐研究的思考》）其实这种观点是极其脆弱而经不起辩驳的，各国各民族之间的文化交流是文化事业兴旺发达必不可少的条件之一。欧洲各国的文化交流有着悠久的传统。至少从文艺复兴以来，这种交流对各国文化的发展起了相当大的促进作用。由于历史的原因，我们总是习惯于把一国的音乐成就在别国发生强大影响，看作是一种文化侵略，是一种妨碍别国民族音乐文化发展的障碍。巴罗克时期意大利歌剧的发展和传播，对欧洲各国歌剧艺术的发展就起过大的推动作用。可以说哪里有过意大利歌剧的传播，哪里的民族歌剧就得到了较大的发展。而在我们的某些有关研究中则往往得出相反的结论：认为音乐传播阻碍本国音乐的发展，是"称霸"。意大利歌剧不但没有阻碍别国歌剧文化的发展，而且莫扎特既写出了卓越的意大利歌剧，又写出了精彩的德国歌剧，看不出这两种不同风格的歌剧在莫扎特创作中有什么相互抵触的地方。事实上，意大利歌剧在其他国家传播，受益的不仅是其他国家从意大利歌剧的艺术成就得到启迪和借鉴，而且也给意大利歌剧提供了广泛的有益于别国有才华的作曲家对自身发展作出贡献的机遇和空间。可见交流对文化发展是相当重要的！

其实，各民族之间的文化艺术交流是极正常的事情，它使交流的双方都可以从对方吸收到自身所缺乏的营养，因而使自身得以丰富和发展。而政治压迫与民族侵略下的强行文化渗透则另当别论。如果认为意大利歌剧在别国传播就阻碍别国歌剧的发展，那么，同样的理由完全可以运用到诸如交响曲、协奏曲等欧洲近代音乐上，必然的逻辑结果就只能是西方音乐在中国传播，就必然阻碍中国音乐的发展。那么，我们新文化运动后在音乐上所取得的巨大成就将无法解释。

随着历史的不断进步与发展，人类将用同一种语言交流，用世界音乐语言创作和欣赏音乐，用世界文学的语言创作和欣赏文学，正如《共产党宣言》所说的那样："从许多民族和地方的文学中便形成了一个全世界的文学"。歌德也认为"世界文学的时代已快来临了"。音乐因其语言表达的特殊性而使得世界音乐的时代早从海顿完善管弦乐队开始就已经出现了。

而我们致命的弱点就在于不能全面、多角度、多层次、辩证、客观、大范围地去看待问题，因此，客观上势必造成一叶障目，思想混乱和观点错误。为了不造成误解，能够真正认清事物本质，我们有必要在提出"越是具有民族性的东西就越具有世界性"的同时，更应当提出"越是具有民族性的东西就越是远离世界性"这个二律悖反的定义。这两句话看似尖锐对立，其实它是同一事物的两个方面，实质并不矛盾。试想，如果不同的民族若都坚持使用本民族自己的语言同别人说话，那它永远也无法和别的民族沟通和交流，别人永远也不可能真正了解你、认识你。如果大家使用同一种语言来交谈（比如英语），此问题便可以迎刃而解。尽管用于口头表达的语言是语义的，而音乐语言是非语义的，但是就这个问题而言道理却是一样的。请看法国德彪西，他的音乐使用的就不是法国民族音调，而是创作音调，有些地方还采用了亚洲及世界其他民族的音乐素材。然而，他所体现出的音乐精神和审美趣味却依然是法国化的。这是一种能被世界所理解和接受的法国风格。真正的世界性是既包容民族性，而又升华了民族性。因此说世界音乐应是民族精神与世界精神有机的统一。也正因如此，德彪西能成为世界大师。

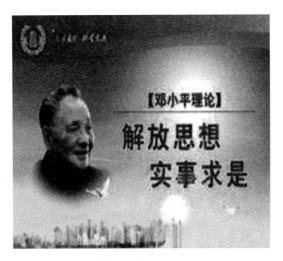

　　我国当代一些青年作曲家,从美学上、从创作思想上提出了全新的认识,在创作手法上大胆吸收西方现代作曲技巧,以他们独特的视角对中国音乐进行思索和创造,为中国音乐真正走向世界开拓道路,成为"新潮"。这是因其敢于突破传统,冲击了国内沉闷的创作空气和极端保守思想,客观上产生了不啻于原子弹爆炸的强烈效果。"新潮"的意义已远远超出音乐范畴,在文化层面上来看,实际是对我国文化传统的反叛,是思想观念上一次质的飞跃。现在看来这种冲击传统的大胆行为,显然是具有非常积极和极其重要的现实意义。尽管他们的行为缺少明晰的、强有力的理论支撑,但是,它确实动摇了我国民族音乐的传统,促使我们去思考——在音乐的道路上我们究竟该何去何从。

　　中国有一句谚语,叫做"站得高,望得远"。当我们总是在一个老问题上纠缠不清,得不到根本解决时,我们不妨变换一个角度、位置,站在一个更高的位置对其重新加以审视,那么很有可能会收到意想不到的效果。这就是说,我们以往是站在民族国家的立场和高度来看待我国的民族音乐的,由于民族是一定历史阶段的产物,并有很强的地域性,随着社会发展最终必然会自行消亡,因而不可避免的带有一定局限。站在有局限性的立场和角度看问题，就难免会看不清和看不全面。倘若我们换一个立场，站在全世界和全人类的高度再来审视我国的民族音乐，我们便会茅塞顿开、豁然开朗。邓小平所提出"教育要面向世界"，同样音乐也只有面向世界，才能找到真正的出路。

在中国历史上，毛泽东曾鉴于当时特定历史条件，提出文艺应为工农兵服务。但从现代的眼光来看它，难免带有历史的局限性。现在看来文艺不仅仅是为工农兵服务，也不仅仅是为中华民族服务，而应当为全人类服务。

历史的发展是需要一个过程的。在当今世界各民族共生存、共发展的历史阶段，中国音乐必须也必然是走两条线发展的道路。

第一，从现阶段来看，从文化多元角度出发，有必要、有责任保留宣传属于我们自己的民族音乐文化，使它在世界音乐文化大舞台上能一枝独秀，充分放射出其独特、璀璨的光芒。

第二，从发展的眼光看，我们更应该为世界音乐作出应有的贡献。邓小平高瞻远瞩，站在历史和世界的高度提出我们的教育要"面向未来、面向世界、面向现代化"。这里当然也包括音乐教育，这就是说未来和世界才是我们音乐发展的真正方向。因此，在实际音乐教学中，不仅要讲授民族音乐，更应宣扬世界音乐，从而让青少年儿童从小就放眼世界，放眼未来，并逐渐形成其开放性的思维方式。

美国和我们一样是个多民族的国家，它的人民来自世界各地，仅正规交响乐团就有一千多个，再加上业余的，数量极其可观。由此可见其音乐文化的发达（实质是整体文化发达。整体文化不发达而单项文化发达是不存在的），确非我们所能相比。因为我国民族的文化素质不高，尤其需要文化教育和世界音乐教育，最终提高全民族的素质，使其能真正、充分地创造和享受世界的音乐文化财富。

一、音乐教育的作用

中小学音乐教育是面向全面的基础素质教育。为此,我们决不能偏离素质教育的方向,我们要根据音乐艺术的特点,通过音乐教育对中小学生进行素质培养。因此说,音乐教育对中小学生有其以下几方面的作用:

(一)音乐教育对学生思想道德素质的发展有其独特的作用

音乐具有教化功能,自古而然。《乐记》记载:"乐也者,施也""先王之为乐,一法治人,善则形象德矣。"这说明"乐"有对人施行教化的作用,用得适当就能使人们的行为符合德行的要求。在当前音乐教育中,我们应采取艺术性和思想性融为一体的方式进行,这种影响和教育是潜移默化的,它有着影响人的精神世界的巨大力量,使崇高在美中得到充分的体现。崇高是音乐美的一个重要范畴,和赞美、歌颂等精神内涵密切地相关,和英雄、正义、理想、信仰等对象相联系。贝多芬的《欢乐颂》等作品就表现出人类对和平与幸福的祈求,对苦难和忧患的同情,对自由和光明的渴望,渗透着崇高的人道主义精神。崇高巨大的感召力,使人们向往纯真,高临于平庸与卑鄙、渺小之上。良好的音乐教育以美妙的音乐作用于人的情感,以潜移默化的方式使人接受某种道德情操、精神品质、意识观念的渗透,乃至灵魂的陶醉,从而使人的修养逐步提高,进而达到崇高的思想境界。

（二）音乐教育能促进学生智能素质全面发展

音乐是通过对声音的高低、长短、强弱、音色等因素有目的地选择和组织，从而构成一定音乐形象，以表达人的思想感情。音乐的声音形象作用于人的听觉，使感受者产生一定的想象和联想，进而在头脑中形成一定富有情感的意象，在情绪上受到感染和陶冶，同时还能促进注意力、想象力和思维能力的发展。因此，越来越多的家长给孩子买乐器，请家教进行各种音乐智能投资，目的是以乐器为手段开发孩子的智力。许多世界名人都与音乐有密切关系。音乐促进智能的发展已为全社会的共识。马克思、恩格斯、列宁精通音乐，他们的论述中有许多涉及音乐的精辟论述；法国哲学家、教育家卢梭撰写过《音乐辞典》中的音乐条目；作家泰戈尔也是位作曲家——印度国歌的曲作家；爱因斯坦同时也是小提琴家，他曾说："我从音乐中获得的东西要比物理老师给的多得多。"由此可见，音乐对于开启人们的智慧有着巨大的作用。

（三）音乐教育能提高学生文化素质

文化素质，是指一个人具有的各类学科的知识水平及运用这些学科知识的能力。文化素质教育除了专业教育以外，还应通过各种方式和途径，使人们具备本专业以外的人文科学、自然科学及文化艺术方面的基础知识和基本修养。而音乐艺术综合性强、知识面广，既有内容广泛的文学、地理、历史民俗等知识的传授，又有严格的节奏规范和发声、情感表达等技能训练，表达了涉及社会、生活、文化等各方面的内容。一个国家、一个民族的音乐传统，总是与这个国家、这个民族的历史文化和社会形态紧密相关的。在学习音乐的同时，学生可以体会到一个国家与一个时代的音乐流向、文化导向，从而大大增强音乐欣赏能力，扩大知识面。在学校，文化素质教育实际上是通过语文、历史、地理、英语、数学、物理、化学等课程来实现的，并且通过音乐教育与这些课程协调教学来提高学生的文化素质。

（四）音乐是进行美育的重要手段之一

大家应该知道，美育是通过音乐、美术、戏剧、舞蹈等艺术形式，用不同的方法、从不同的角度，给人以美德教育，从而达到培养人的审美观念、审美能力，发展审美感情，影响人的道德情操的目的。在美育诸手段中，音乐艺术具有强烈的感染力，并为古今中外大家所共识，《乐记》中说："移风易俗，莫善于乐。"孔子说："兴于诗，立于礼，成于乐。"列宁也认为："音乐是对人们进行教育的有利工具。"因此说，音乐能直接地、迅速地通过高低抑扬有度、缓慢轻重有节的音响，以美的旋律、美的节奏、美的音色、美的和声传进学生的耳朵，就会使其产生无限的遐想，并唤起对美的追求和向往，引起心灵上的共鸣。从而产生潜移默化的教育作用，进而培养学生正确的审美情趣，帮助他们形成优良的人格品质和高尚的道德情操。一首钢琴协奏曲《黄河》，无论是从艺术创作角度和演奏技巧上，还是从思想内容和教育意义上讲，足以让人精神振奋，热血沸腾，从中领略中华民族不屈不挠、勇往直前的大无畏精神，进而激发学生的民族自豪感和自信心。

（五）音乐教育有利于人的身心健康和良好个性的培养

音乐教育具有怡情健身的作用。一方面，音乐教育可以使人心旷神怡、性情愉悦，同时促进人的身心健康。音乐刺激大脑中枢神经，使人的身体分泌出多种有益的生化物质,如激素、酶等产生抗疲劳、助消化、降血压、调整神经等作用,真可谓"一生来耳里,万事离心中""清畅堪消疾,怡和好养蒙",可见音乐可以使人远离烦恼、怡养心性,提升境界,有益健康。难怪元代名医朱震亨发出感慨:"乐者,亦为药也。"另一方面,音乐也能使人积极的休息。列宁说:"不会休息的人就不会工作。"休息有多种方式,结合自己爱好的音乐、有兴趣的活动就是一种积极的休息,除此以外,音乐教育也有利于培养人理想的个性。

人的气质有很大的可塑性,后天生活环境、接受的教育对人的性格、气质影响很大。音乐教育对不同体质的人可以进行不同的教育。比如对那些活泼好动的人,让他多听多唱比较安定、庄重的乐曲,以克服其傲慢的性格特点;对于那些不好动的人,让他多听比较活泼的音乐,以克服其保守的性格特点;对于那些容易暴躁的人,让他多听温柔和谐的乐曲,以克服其粗鲁的性格特点;对于过分胆小的人,多让他听激烈雄浑的乐曲,以克服遇事退缩不前的性格特点等等。很多学生从接受音乐的教育中受益匪浅:是音乐使他们更加沉着,精神更加专注,心绪更加安定。可见音乐教育不仅有利于身心健康,而且有利于人的性格、情趣、个性的形成。

古希腊哲学家早就提出:"由体力、智力、美学、道德这四个方面编织在一起去构成一个完整的人。"该思想早已在欧美的中小学教育中得到采纳。我国经过数十载的艺术教育实践,由"德、智、体"不完全的"三育"发展到"德、智、体、美、劳"全面的"五育"教育,美育在我国整体教育改革中重新显现,并且放在适当的位置,这使新世纪的音乐教师们目前面临着严峻的挑战。随着音乐教育改革的深入和音乐新课程标准的实施,"音乐审美"与"相关文化"观念在我国音乐教育中越来越引起音乐教师们的重视。"音乐美育",也叫"审美教育""美感教育",这是培养人对于自然界的美、社会生活的美和艺术作品的美的感受、鉴赏、评价、创造及爱好、情感的教育。它的教育功能、价值功能、政治功能，都在那每一瞬间跳动的音符中展开。它潜移默化地影响着人的情绪、情感、情操以及性格的变化，从而激励人去塑造多彩的人生和健全的人格。而小学实施美育的主要阵地应该是艺术类科目（即文学、美术、音乐），文学、美术、音乐等多种艺术形式虽然都有各自独特的艺术发展规律，有不同的内在结构和表现形式，但是，它们都围绕着一个共同的目标——人类的思想感情，去揭示、去描绘、去抒发、去展现各自的艺术魅力。一个五彩缤纷、八音协和的大千世界将在学校美育中构建成功。

美育艺术教育是学校实施美育的重要手段之一，它有其独特的功能：音乐中所体现的旋律美、语言美、意境美、形态美、情感美等，都通过乐曲、歌词、音响，表演者的体态，演唱者、演奏者的情感等表现出来，这一切都是其他学科所难以比拟的。它既能陶冶儿童的情操，促进丰富的联想，开启了智力、活跃了思想，又能鼓舞士气，使其奋发向上，而且能够激发他们的创造力，直接影响他们人生观、世界观的形成。

二、音乐教学与美的关系

（一）于唱游学习中感受美——以美塑形

唱游是小学低年级必不可少的教学内容，它包含着强烈的节奏感和韵律美，它是音乐形象的反映，是形体艺术的表现。泰戈尔说："韵律起着河岸的作用，赋予诗以形式美和特征。"其实，岂止是文学，其他姊妹艺术的美又有哪一种能够摆脱节奏和韵律的约束呢？每当学生感受到律动音乐的音高、音色、力度和节奏变

化时,他们就会情不自禁地手舞足蹈,其自身的动作与音乐律动产生协调一致的美感,给人带来音韵的和谐、节奏的铿锵,让人获得美的享受。比如小学低年级唱游教材歌表演《大雁大雁天上飞》和集体舞《东北秧歌》。前者音乐旋律舒展优美、节奏相对稳定,其动作形态显得平稳、圆滑、轻柔、舒展大方,显现出学生从小要学习大雁遵守纪律、热爱集体的本质;后者音乐旋律奔放,节奏活泼、兴奋、红火、热烈。其动作形态则是跳跃、顿挫、轻快、情绪欢快激昂,呈现出集体性的广场民间艺术那欢快热烈的场面。通过上述不同内容、不同形式、不同风格的音乐律动作品与相应的形体动作组合的教学,无疑为孩子们营造了一个感受、理解、想象、创造和演绎的广阔空间。真可谓见之有形、听之有声、声中有物、物中有景、景中有情、情景交融。学生在参与学习和表演的过程中,掌握了知识、开发了潜力,丰富了情趣,培养了创新能力,这对于学生世界观的形成和个性的塑造无疑会产生巨大的影响。真正体现主导与主体之间,主体与主体之间的思维与创造,情感与情感之间的交流与碰撞,体现了新课标以"学生为主体",师生互动、生生互动的原则。唱游学习过程中,培养他们高尚品格,启发创新思维,拉近教师与学生,书本与实践的距离,从唱游学习活动中去发现美、认识美,感受美,表现美,以美塑形。

(二)在歌曲学习中认识美——以美悦情

契诃夫曾说:"歌声是太阳,没有歌声的生活就像没有太阳的生活一样苍白,淡化。"学习唱歌和歌曲欣赏是学校音乐教育中的重要环节之一,它是学习者情感的表达,灵魂的体现。恰切的学习唱歌和歌曲欣赏,会以潜移默化、润物细无声的方式浸透学生的心灵,提高学生的道德修养和思想境界。歌曲欣赏教材中《我爱你,中国》,歌词中的叠句、排比象征等手法的运用,词语清新秀美,对祖国的高山河流、丛林红梅、百鸟齐鸣、春苗秋果、田园村庄等作了形象的描绘和细腻的刻画,具有较强的艺术感染力。歌词中展现出一幅祖国大好河山的壮丽画卷,通过歌曲的旋律跌宕起伏，词曲珠联璧合，仿佛把人们引入百灵鸟凌空俯瞰中国大地而引颈高歌的艺术境界。学生通过欣赏，加上教师生动的讲解，学生会被歌曲优美的旋律和多媒体课件生动的画面、所描绘的音乐形象而深深吸引，通过教学就很容易将"我爱你，中国"的主题引向深入。在《国歌》的学唱和欣赏中，学生知道它是中华民族形象的标志，联想到中华民族五千年的文明史，他们可以说出许多：中国昨天的屈

辱、今天的繁荣、明天的美好……《七子之歌》《东方之珠》等歌曲，将那种母子之情、思恋之情、盼归之情诠释得淋漓尽致。通过歌曲的教唱和欣赏，师生共同受到感染，他们听着、唱着、爱国之情油然而生。可以说，在教与学的过程中，学生们的情感、态度和价值观得以提升，道德情操随之升华。教学中拉近了教材与学生的距离，拉近了老师与学生的距离，拉近了学生与社会、与生活的距离。音乐与文学艺术的整合在这里发挥到了极致。优美的歌词和激进的歌曲旋律蕴藏着美。而美和善是一对孪生姐妹，如果教师在教学中能够善于引导学生在音乐中辨别美、感知美、认识美、发现美，并尽量为学生们营造以美扬善的教学氛围，那一定会启迪学生领悟并且学会做人的道理。

（三）在乐曲欣赏中孕育美——以美扬善

乐曲欣赏是音乐教育中必不可少的重要手段之一。乐曲欣赏的目的是培养学生通过听觉感知音乐作品，并从中获取音乐美的陶冶和享受，满足精神的愉悦和理性的提升。音乐在它的起伏变化、抑扬顿挫、迂回曲折的旋律中，在动静结合、高低错落、快慢有序、张弛有度的组合中蕴涵着美的因素，显现着它独有的魅力，从而唤起学生对美的追求和向往，激起学生情感的波澜。比如器乐曲欣赏教材中独奏曲《天鹅》，乐曲形象

地描绘了洁白高雅的天鹅在碧波粼粼的湖面上悠然漫游的优美情景,那如歌的抒情旋律,恰似天鹅的吟唱,而给钢琴玲珑剔透的琵琶音伴奏又似清澈明丽、波光摇曳的湖面,塑造了天鹅在湖面漫游的优雅形象,富有诗一般的意境。当学生们聆听着轻柔优美的乐曲时,仿佛身临其境,美不胜收。教材民族管弦乐合奏《春江花月夜》。作者以其细腻的笔触,为人们刻画了一个神话般美妙的境界,乐曲优美宁静,把月落前江面上的恬静醉人的意境,描绘得细致入微、淋漓尽致。那江楼钟鼓、月上东山、风洄曲水、花影层叠、水云深处、渔歌晚唱等段落,在演奏中,不同的乐器、不同的音色、不同的配器、不同的表现手法,将山河秀美、碧波月影、层层涟漪的湖光山色演绎得惟妙惟肖,它犹如一幅幅清丽淡雅的水墨丹青在你眼前徐徐展开,是那样令人心驰神往。乐曲独特的艺术魅力与学生的心灵在碰撞、在交融,相得益彰。与此同时,教师更要因势利导、见机而行,指导学生在今后欣赏音乐作品中,要多听、多想,并且多多用心去理解、去感受、去领悟乐曲所表现的诸多的美——音色、和谐、意境等,这音乐之美滋润学生们的心田,陶冶学生们的情操,净化学生们的心灵。

（四）音乐活动中体验美——以美怡心

音乐有着强烈的愉悦功能，"凡乐于欣赏音乐，就能够倾心赏美，便是乐于接受教育的表现，人的精神愉悦了，就会产生积极向上的情绪，焕发出异彩"。器乐教学活动中，要坚持"以学生为主体"的教学模式，培养学生动手、动脑、创新的能力，让学生自己去认识美、感受美、体验美。比如，在口风琴教学课上组织排练合奏《彩云追月》，首先运用声势训练法，让学生拍手、拍腿、跺脚，模仿伴奏乐器，其次按声部分小组练习，让大家都参与到活动中去体验作品的节奏美、姿态美、旋律美、意境美，有的小组用口风琴吹奏旋律，有的小组用节奏乐器为旋律伴奏，有的小组作即兴舞蹈表演。通过实践，激起了学生创作的欲望。这种参与—互动—体验—升华的教育模式，既优化了课堂，又启迪了学生的智慧、拓展了思维空间，以情动人、以情育人，在不知不觉中渗入学生心灵，用美怡悦了学生的身心。这便是新课标"以学生发展为中心"的体验和深化。

（五）音乐实践中表现美——以美导行

音乐是对青少年思想教育的自律工具。音乐作品的艺术性和思想性是融为一体的，隐性的德育教育因素潜移默化相互渗透。如在课外合唱、器乐合奏排练中，因为合唱队、乐队由多人组成，所以相互间协同配合很重要，不但要求大家唱、奏要整齐，而且要求大家必须齐心协力才能表现好作品，在整齐的基础上特别强调多声部的唱、奏不仅声部直体谐和，而且更讲究方方面面的协调配合，才能把艺术性很强的声乐和器乐作品完美地表现出来。在此种情境下，教师就要因势利导，对学生进行集体主义思想教育。以此种方式进行音乐教学是最直接、最有说服力的，学生也是最容易理解、体会并接受的。由此不难看出，集体主义意识在合唱、合奏音乐活动中是何等的重要。相互配合协调这种显性意识正是我们学校德育教育中重要的内容。以美育美、以美启智、以美悦情、以美育德，在这个特定的情境下得以充分的展示。因此可以说音乐教学也是实现德育功能的重要途径。

总之，学校的美育教育，不应是用以掩盖只重智育不重美育的应试教育的遮羞布；不应是用以炫耀装饰名牌学校的广告牌；也不应是挂在嘴边动听的辞藻和贴在校园墙壁上华丽的标语……它应该是学生挖掘内在潜力、发展创新思维的动力以及个性发展的催化剂；它应该是我们教师培养健全人格的可靠工具，是提高国民整体素质的集中体现；它也应该是折射出美育教育绚丽多彩的画卷……作为学校美育传播者和奠基人的音乐教师，更应该明白在新的历史条件下角色转换的道理，主动去感受、体验、观察、比较、分析、明确自己在课改中的位置，不仅要挖掘音乐教材中美的各种因素，而且还要善于启发诱导学生以美导行，深刻挖掘学生的内在潜力，使他们在学校美育教育的实践活动中，自己去认识美、理解美、体味美、表现美，从而自己去创造美。师生共同完成对美的追求、欣赏与实践。

第六章　其他学科教育对学生艺术能力的培养

一、语文教学中的艺术渗透

语言文学包含着极其丰富的人文精神和审美色彩,是睿智见解和个性风格乃至民族文化、民族生命意识与审美情趣的体现。因此,它给学生提供了广阔的思维空间和审美空间,让学生从中获取语文知识、发展语文能力、陶冶性情、发散思维,在人类历史文化传承中感受人文精神,扩充文化积累,培养审美意识与能力。使个体精神经验丰富、个性生命成长、生命本体活跃及文化涵养加深。

另外,语文是人文性与工具性的统一。根据这一基本特点,语文教学要确立以人为本的教育理念,在教学中发现人的价值,发掘人的潜能,发挥人的个性,塑造健全人格,弘扬人文精神。运用语文教材中的那些饱含人文底蕴的各种形式的文章,情感、意志、审美情趣的介入,最大限度地体现语文教育的人文性、审美性、灵活性和创造性,只有这样,才能引导学生确立正确的审美观、人生观、价值观。

倾注人文关怀的教育策略很多,教学中采用艺术的手段,加强语文教学与艺术教育的融合,也是一种很好的策略。

第一,在语文教学中重视审美教育,让学生从语文中发现美。

这是因为语文既具有工具性,也具有人文性。因此,教学中既要遵循教育的一般教育教学规律,培养学生听、说、读、写的能力,开发学生内在的潜力,又要注重语文人文价值的启发引导,发掘其中内在的美学因素,给学生以美的启迪、陶冶和影响。也就是说,语文教学要注重审美教育,要让学生从语文学习中发现美、感受美。而汉语言有着丰富而生动的审美内涵,通过运用多种艺术手段的表述,其形象美、神韵美、空灵美、情趣美……会从中展现出来。所以,开展多种艺术活动,追求审美理想,将有利于引领语文教学走向互动、走向智慧、走向艺术、走向生活,从而体现人类最基本的精神追求。

第二,在语文中激发学生的兴趣,在审美愉悦中主动愉快地学习。

由于语文学习的主体是学生,他们的心理特征是以形象思维为主,无意注意占着主导地位。因此教师既要注重语文教学的科学性,又要注重语文教学的艺术性,用形式多样、内容丰富和印象深刻的人文内涵的艺术的手段,创设一种优美动人、轻松愉快的教学氛围,以此打动学生的心灵。寓理于情、寓教于乐,大大地激发了学生学习的兴趣,并使学生产生情感的共鸣,在审美愉悦中主动愉快地学习。

第三,在语文教学中渗透美感教育,塑造学生完善人格。

语文教学中采用艺术教育手段,培养学生感受美、鉴赏美、创造美的能力和健康的审美情趣,使学生情感得到丰富、智能得到提高、人格得到提升、心灵得到净化。这是语文教学和艺术教学两个学科的异曲同工之处。因此,在语文教学中,如果教师能够创设艺术的环境、氛围,则能更好地引导学生以美的视觉去审视变幻的世界,以美的听觉去聆听自然的声音,以美的语言去表达丰富的情感,以美的思想去感悟多彩的生活,而在这个过程中,既学到了语文知识,也形成了艺术经验和艺术能力,从而获得尊重、关怀、友善、合作、分享等人文素养,促进了个性的完善与发展。

第四,运用艺术的手段,将听、说、读、写活动整合。

课程改革的一个核心亮点,是重视"过程"的优化。语文教学中的阅读是一种心灵交流和思维碰撞的动态过程,也是一种"被引导的创造"过程。而创造本身就包含着丰富的艺术因素。课程改革的又一个核心亮点是推崇"整合"。在教育理念上,强调语文教学的人文性与工具性、继承传统和面向未来的整合；在教育结构体系上，强调"知识和能力""过程和方式""情感态度和价值观"的整合；在教育方法上，强调个体差异与整体协调的整合；在提高学生语文能力上，强调读、写、听、说活动的整合。因此说，运用艺术的手段正是对这些整合要求的再整合，使语文陶冶灵性的人文性功能与社会交往的工具性功能得到完美的体现，也使学生获得心灵、智力的启迪。

第五，在语文教学中有效运用艺术手段，培养学生的创造思维和创造精神。

艺术涉及各种创意、设计、制作、表达、交流以及多视角的连接和转换，这无疑为学生提供了创造性解决问题和发挥其艺术潜能的机会，也赋予学生表达自我和发挥想象力的空间，这对培养学生的创造思维极其有利。我们知道，思维是智力的核心，如此教学将有利于学生更好地学习语文，并在学习中获得艺术能力和经验，它会使学生的学习变得更有效率，更富创造性，也会使他们的生活变得丰富多彩、情趣横生。可见，在艺术教育中，学生的感受、想象、创造等诸多能力，已经成为现代社会所需要的综合性人才不可缺少的素质。

由此可见，语文和艺术的融合，将会更好地发挥它们的综合效应，展现语文与艺术的人文价值。可以引导教师走出语文和艺术教育的误区，走出技能训练的怪圈，使教育真正实现培养学生的能力、情感、价值观以及全面提高学生素质的目的。

怎样将语文与艺术有效地融合在一起，可从下述几方面进行尝试：

（一）制定体现多元化、综合性的课程目标

大家知道，传统语文教学将知识、能力、情感这三方面定为课程目标，而新课程标准则要求从"知识和能力、过程和方法、情感态度和价值观"这三个维度设计课程目标。情感态度和价值观的提出，充分体现出对学生的人文关怀，这是培养学生健康的审美情趣和高尚的道德情操，以致形成正确的价值观和人生观。从时代的发展和社会对教育的要求来看，语文目标的制订要体现多元化、综合性，当然也包括艺术方面的目标，比如艺术的想象能力、创造能力、表现能力等等。比如第十册《二泉映月》中表达阿炳思想感情的句子："阿炳用这动人心弦的琴声告诉人们，他爱那美丽富饶的家乡，他爱那惠山的清泉，他爱那照耀清泉的月光……"为了帮助学生感悟理解，有感情地朗读语段，可配以音乐，使学生感知语言美、韵律美、情感美……这样运用音乐的手段，既能通过音乐培养学生对语言的领悟，又能培养学生对音乐的理解、鉴赏和创造能力。

（二）潜心研究教材，挖掘艺术和人文因素

语文教材中有多种体裁的文学作品，因此说，语文教材中蕴含着丰富的审美资源，字形美、字音美、文意美，其作用可感目、可悦耳、可启思，这无疑可以优化学生的智能结构，又为激发学生的审美欲望、提高学生的审美能力、创新发展学习活动提供最佳智能条件。而审视美、享受美是人的共同心理趋向。因此，教师要引导学生在掌握语文基础知识的同时，发掘教材中的艺术、人文因素，与作者进行精神的对话，体味作者精心构筑起的艺术天地——笔调的声情并茂、文风的刚柔兼俱、韵律节奏长短交错、语言雅俗共赏、人性的美丑善恶等。

比如第九册《黄山奇松》通过形象的语言文字，描绘了如诗如画的优美意境。让学生运用自己喜爱的形式，张开艺术想象的翅膀去表现，这样《黄山奇松》就不再只是一篇优美的文章，而是一幅风光秀丽的风景画，一曲优美悦耳的轻音乐，一首动人心弦的抒情诗……

又如《广玉兰》表现的不但花美、声音美，而且精神更美；《三亚落日》表现了色彩纷呈，奇异万千的美丽图景。寓言、故事等众多的文章，无不包含着丰富的艺术、人文因素。如果教师在教学中能够联系

课文内容的，师生合作揣摩作者是如何遣词造句加以描绘内容的，并借助于多种艺术手段，把它们变成赏心悦目的图画，或轻柔舒缓或激昂奋进的音乐，或简单轻松诙谐幽默的舞台剧等不同的形式，对学生进行多重感官的刺激，这会创造一种轻松愉快、生动活泼的教学氛围，强烈地吸引学生入情入景。学生不仅得到了欣赏的机会，表现的机会，张扬个性的机会，同时多角度地获得了审美的享受。这不仅扩大了教学容量，而且对于学生感知理解课文，丰富想象，培养创造性思维起着重要的作用，

更有助于发展学生的智力以及综合能力的发展。

（三）采用艺术化、多样化的教学方式、方法

在语文教学中，教师应该充分关注学生，并以情感带动学生。一堂好的语文课，应该是一堂充满情感的语文课。如果让整个教学过程洋溢情感，是需要借用多种教学手段的，包括艺术手段。曾看过吉林省特级教师窦桂梅老师上的《朋友》一课的教学设计，她充分展示自己的情感魅力，"课始激情情始生""课中悟情情更浓""课终谙情情未了"。还运用了多样化的艺术手段，比如用音乐渲染千钧一发的时刻；用语言描绘坐死牢的场面；展开想象，设想不同时间人物的心理活动；采访听课的教师对"朋友"的理解；用表演的形式把自己当作主人公去设身处地的体验，分层次让学生一步步感受朋友的真正意义，把饱含人文底蕴的文章从学生的口中自然地输入大脑，流入血液，最后渗透到心灵深处，也让我们真真切切领略了人文精神之美。窦桂梅老师的课堂是充满情感的课堂，是蕴涵审美的课堂，教学中，不仅具有语言美——多处穿插名人名言，还具有视觉美和空灵美，这样就营造出让学生们的心灵自由飞翔的创造空间、想象空间。她的课堂是实实在在、真真切切的课堂，是塑造心灵、为生命奠基的课堂。

（四）设置环境，营造浓厚的人文氛围

语文教学，离不开教学环境。教学环境包括软环境和硬环境，也包括大环境和小环境。这就要求教师树立"处处是语文，时时皆为我用"的语文观。因为知识、能力、情感不只是语文教材所能涵盖的，也不只是一堂语文课所能解决的。靠的是课外的实践，是在获取课外更广阔的空间里，不知不觉、由浅入深、循序渐进的熏陶和感悟，丰富了自己的情感。比如，在教室环境布置上，利用学到的语文知识，发挥学生的自我主导作用，充分体现生动活泼的艺术风格与追求，可设置名人名言栏，也可自己创造"格言"，可张贴名书名画，也可展示自己的作品，可开辟图书角，也

可设置园林角等,可将上下课的铃声换成音乐之声,可在晨读、课间、午间播放世界名曲、校园歌曲、配乐散文、学生习作等,让学生在如此丰富的人文环境和独特的艺术氛围中,逐渐地对文化和艺术有充分的认识与理解,使每一个专栏确实成为学生进行学习、探究、实践的课题和园地,在我们熟知的领域里通过艺术手段,深入地挖掘出新的语文教育资源,让文化和艺术的理念深深地植根于每个学生的心田。可以说,营造这种浓郁的校园文化氛围,实现了人文环境和自然环境的和谐统一,为学生的全面发展提供了更为宽阔的学习和实践的空间。

(五)课外拓展,增添艺术涵养

语文教学积极倡导自主、合作、探究的学习方式,努力创设开放而有活力的语文课程。不同内容和方法渗透整合,能够激发学生学习的兴趣,并且能够开阔视野,提高学习效率,更好地掌握语文知识的能力。为达到这一目标,艺术教育的效用一定要发挥,以此来促进学生自觉地、积极地、富有情趣地去思考、去研究、去发现、去感悟,从而去体验获得成功后的愉悦。

比如学习《二泉映月》,可以将音乐引入课堂,一面欣赏美妙的音乐,一面结合当时的景物描写,初步感知乐曲内容,之后可以进行课外的研究性学习:认识的阿炳。教师要求学生可以借助多种方法和途径,广泛地涉猎,搜集有关阿炳的文字资料和各种曲子,在这个过程中,学生可以更深入地了解阿炳其人,更进一步地欣赏到阿炳作品的艺术魅力与阿炳的人格魅力,在音乐和文字中不断地提高自我。在此基础上再去研究课文的其他方面的内容,学生就很容易理解是什么触发了阿炳的创作灵感,以至于创造出这样不朽的艺术作品。除此以外,还可以借助校园音响播放《二泉映月》,让学生根据搜集到的材料介绍阿炳,为《二泉映月》配上解说词。还可以继续延伸,为阿炳的其他乐曲配上解说词。这样,既加深了对人物的了解,对课文的领悟,又提高了对音乐的欣赏能力。

同时，在这个过程中，也培养了学生对信息搜集和加工处理的能力、合作与探究的能力，这也是现代公民应具备的基本素质。

"文艺能给学生以最深刻的美的欣赏，培养学生的艺术兴趣和创作的能力"。文学是人学，表现人性、人道、人权和人生，表现人对大自然的认识和感情。加强语文教学与艺术教学的融合，会开启学生认识人生和自然的天地，会充分展示鉴赏真、善、美的审美领域，创设陶冶情操、完善人性的艺术环境，能够积极地促进学生个性的完善与发展，使得学生的综合能力得以迅速地提升。

二、体育教学中对学生艺术能力的培养

（一）体育教学中要重视学生思想品德的培养

体育教学是整个学校教育的一个重要组成部分。在体育活动中，学生不仅能增强体质，提高运动技巧和技能，而且还能发展他们的智力、陶冶情操、锻炼意志，培养集体主义精神，进而增强组织性、纪律性。但它在智力、情操、意志、集体主义精神、组织性、纪律性等方面的功能与作用往往被忽视，更有人极其片面地认为只抓智育，其他方面，尤其是体育教学可以少抓或不抓。其实，我们应该明确，体育教学除了锻炼学生的体魄外，还能充分开发学生的智力，促进学生良好的思想品德、高尚的道德情操的形成。

在体育教学中，贯穿思想品德教育的几种做法：

（1）教学中耐心进行思想教育

体育课的特点是以身体活动为基本特征。但由于学生各自的身体素质、体能和意志各有不同，往往在进行练习的过程中，有些学生存在严重的畏难情绪，其表现为：胆怯、怕苦、怕摔、怕累、怕同学取笑等现象，特别是在跳高、跳山羊、单杠动作等难度较大的练习中，这些情绪表现得就更加突出。在这种情况下，我们必须针对学生各种不利于练习的心理，进行有的放矢的教育。教师可以以热情的态度关心帮助、鼓励支持，帮助学生完成动作,使学生减小畏惧的情绪。通过不断的、反复的练习,学生会增强克服困难的信心,进而较好地完成动作。从完成动作的过程中,既锻炼了体魄,又培养了坚韧不拔、吃苦耐劳的勇气和敢于克服困难的意志,使学生在学习中真正体会到成功的快乐。

(2)教学中严格开展队列练习

队列和体操队形不仅是对学生身体姿势和空间知觉的基本训练,同时也是一项严格的集体活动。它要求学生在共同的口令下完成协调的动作,从而培养严格的组织性、纪律性和朝气蓬勃、团结向上的集体主义精神,同时,通过严格训练,会使学生反应迅速、动作准确和协调一致,发展并增强了学生的应变能力。

(二)体育教学中要引导学生重视文化科学的学习

体育教学过程的文化科学素质的培养,主要是通过基础知识的学习、基本技术的掌握、基本技能的形成过程进行智能教育,使学生能通过所学的知识去科学地锻炼身体。另外,通过教给学生更多的体育理论知识,掌握锻炼身体的方法、原则,满足学生的求知欲,使学生通过学好体育知识来促进文化知识的学习。

(1)在加强锻炼的同时,培养学生求知好学的精神

体育是一门综合性学科,它包含了多种文化的内涵。为此,通过体育教学手段,不但能增强学生的体质,还能在锻炼中掌握避免损伤、自我保护与护理知识,将学到的理论知识与体育活动紧密结合,在提高体魄的过程中,提高文化底蕴。能够学以致用,使学生学好体育,学好文化知识。可以说,在体育教学中学生的求知欲会大大增强。

(2)精心设计教学方法,培养学生的创造能力

在体育教学中,可以事先安排学生自己设计准备活动内容,像编排徒手操、设计场地、制作体育器材等等,这些都能培养学生的创造性和想象力,而学生的创造性活动又往往要依靠教师的及时、正确的启发与引

导,因此,教师的教学方法、手段对培养学生的创造性就显得尤为重要。

(3)重视知识传授,对学生进行"三基"教育

体育教学中,培养学生的基础知识、基本技术、基本技能,是培养学生分析问题和解决问题的根本保证,如果在教学中教师重视基础知识的传授,让学生充分掌握体育锻炼的基本规律,就会使学生的基本技术得以迅速提高、基本技能得到正常发挥。

(4)采用多种方法,促进学生的智力发展

我们知道,田径运动的起跑练习能培养学生的快速反应能力;篮球的投篮命中率能培养学生的准确能力;排球的扣球能培养学生的判断能力;体操的动作能培养学生的时空感觉和运动感觉;长跑的锻炼能培养学生的耐力和意志等等。所以,体育教学中采用多种方式、方法进行锻炼,可以使学生的智能水平不断得到提高和发展。

(三)体育教学中要对学生进行心理健康教育

教学中,通过身体、心理素质的培养,不仅可以促进学生正常的生长发育,提高学生的身体素质,养成良好锻炼身体的习惯,还可以使学生的心理素质达到最佳的状态。

(1)培养学生健身锻炼,为终身体育打好基础

学校运动会

体育教学中,有很多动作是能伴随人的一生进行活动的:田径中的中长跑项目;球类运动的篮球、排球、乒乓球;武术、气功等,这些运动都是健身活动。教师如果将正确的动作技巧和科学的健身方法传授给学生,那么就会为其终身体育打下良好的基础。

(2)培养学生的自理、自护能力

教学中,通过学习体育动作,不仅能促进学生身体的正常生长发育,增强体质,提高各项身体素质,练就强壮的身体,还能养成良好的生活、卫生习惯,学会自我保护,提高自理、自控能力,以此适应快速发展的时代要求。

(3)对学生进行心理健康教育

教学中,可以通过组织运动比赛、游戏活动及考试、达标等不同类型的活动,培养学生良好的心理调控能力及心理的稳定性和适应性,同时向学生讲述健康人的心理标准,对学生进行心理健康教育,使学生经常保持良好的心理状态。这无疑也促进了其他学科的学习。

(四)在体育教学中提高学生的审美水平

(1)培养学生的艺术才能和特长

在教学中,教师可以让学生自己选择其喜爱的体育运动,这样既可以满足学生的心理要求,又能使学生在自选运动中领悟和品味所喜爱项目的丰富的艺术内涵,并能充分发挥自己的艺术才能和特长。

(2)培养学生的审美意识

教学中培养学生的审美意识,也是在培养学生的人文体育素质,这是一项长期而艰巨的任务,也是一个多元化的过程。在体育教学中,教师不仅要精心细致地讲授动作技术,而且还要通过多种多样的教育方式、方法,教会学生在动作技术学习中鉴赏美、体验美、创造美。并要求学生每学一个动作都要保持动作美、姿态美、体型美,把美蕴藏在动作之中,让学生亲身体验动作美与表现美的深刻含义,以此培养学生的审美意识。

三、计算机教学中培养学生的创新能力

随着计算机广泛应用于人们的生活,课堂教学中计算机也得到了广泛的运用,并力求在教学中让学生创新。所谓的创新,不仅仅是指学生进行什么样的发明创造,重要的是学生在探索式的学习进程中,体验、发现知识,培养技能中的"新",即是突破自己知识技能的局限,创造出"新"的学习方法、"新"的体验感受、"新"的技巧能力……这些"新"都可以归结为在学习、研究、合作、探索中摆脱种种束缚,成长为新式的独立的"学习者"和"创造者"。而创新教育便是以创新人格的培养为核心,以创新思维的激发为实施手段,以培养学生的创新意识、创新精神和基本创新能力,促进学生和谐发展为主要特征的素质教育。可以说"创新是一个民族进步的灵魂,是一个国家兴旺发达的不竭动力"。不断进步与发展的时代,呼唤着创新型人才的出现,而创新型人才出现的关键就在于教育创新。

因此,培养出创新型人才是当今社会对教师的新要求,也是教学研究的重要课题,现就当今计算机教育的现状,粗浅地谈谈对学生的创新能力的培养。

(一)转变教师的教育理念是创新教育的前提

传统的教育教学观念与思想,曾经培养出了一大批对社会发展有用的人才,但随着社会的进步与发展,旧的教学观念与思想,已经不能适应现阶段由工业时代向知识经济转型期间的社会发展对人才的需求,教育的创新与变革必须适应时代需要。在教学中进行创新能力的培养,首先要解决的问题是教育理论、教育思想的变革,具体延伸到教师个体教育观念的转变。这就要求教师首先应该认识到,教育不应该是训练和灌输的工具,而应该是发展认知的手段。近年来素质教育的倡导和实施,使得教师和学生的积极性都得到了极大的尊重,也由于学生的积极参与,

每个学生的创造性也都受到了重视，教师的权威已不再建立在学生被动接受的基础上，而是建立在教师借助学生积极参与以促进充分发展的能力之上。一个有创造性的教师不单是上好一节课，而是怎样充分应用启发式、引导式、合作探究式等多种多样的教学方法把比知识更重要的东西——获得知识的方法、途径交给学生，这不但发展了学生的聪明才智，也通过开拓学生思维来获得新的知识。师生的关系也将摒弃"一言堂""权威式"，进一步朝着教学相长的方向转化和深化。

大家知道，教学活动实际上是师生间的双边活动，甚至是教材、学习目标、社会环境等诸多因素的多边活动。在教学中如果充分发挥学生的主体作用和教师的主导作用，优化课堂教学，多方面动用诸多媒介，是组织好课堂教学最重要的因素。如果计算机教师基本功扎实牢固，能准确无误地解答学生所提出的各种问题，激发学生的主动学习的心理，就能充分调动学生的学习积极性，使学生迅速进入学习的最佳思维状态。

计算机教学属于应用基础教学，这就要求教师不但要熟悉计算机在过去和现在的应用，更要对计算机将来的变化有较全面的了解，同时，在介绍计算机应用软件的安装与使用时，不但要求学生掌握所学应用软件的安装与使用，而且特别要多介绍一些其他学科的多媒体教学软件的安装使用及操作方法，并且应该指导学生掌握通过帮助文件来熟悉应用软件的使用方法，在讲解计算机的存储设备时，可将光盘、优盘等穿插进来，让学生能了解最新的存储设备。

因此说，计算机教师不能满足于已有的知识和技能，一定要不断地进行学习和提高，进而提高教学水平。计算机技术与网络的飞速发展，可以说是日新月异，而自电脑进入家庭时，我们会经常看到、听到，很多电脑高手就出自于学生，而有些教师还仅仅停留在基础知识、DOS 操作系统等层面上。为此教师要转变教育理念，不断地加强自己、提高自己，迅速适应飞速发展的新时代的要求。

（二）培养学生创新能力的关键是营造良好的创新教育环境

计算机教学本身就是一个寓教于乐、上机实践的活动过程，所以培养学生的学习兴趣只是一个起点。将学生的学习兴趣保持下去，计算机教师就应帮助学生分析其优势和存在的问题，帮助他们循序渐进，逐步走向成功，并让这种成功的感觉一直激励他们。因此就需要教师应该充分发挥自身的作用，针对教材、学生的特点，精心设计教学过程，把知识性和趣味性融为一体，从而有效地调动学生学习的积极性。利用多种方法手段，调节课堂气氛，创设良好的教学环境。

营造良好的、有利于学生创新能力培养的教学环境，是培养学生创新能力的关键。这其中包括教学心理和计算机教学环境的营造。学生的思维在一定的情形下是相当活跃的，当学生的思维活动和结论一旦超出教师所设计和期望的轨道时，教师不应强行把学生思维纳入自己的思维模式之中，而应当及时地鼓励学生大胆质疑，提出与教师截然不同的见解，并大胆地与教师、同学争论、交流，充分给予学生发表意见的机会，使学生在质疑、交流中审视其观点，并得出正确的结论，逐步具有创新的意识。这样既保护学生学习的积极性、主动性，更使学生树立起独立思考、独立学习及勇于创新的自信心，使学生创新思维处于活跃状态，逐渐地增强其创新的能力。

与此同时，教师还应注意创新教育的大环境的创设，使这个环境与创新能力培养相适应。计算机教学应该是一个开放式的教学体系，教师要注意计算机发展的最新动态并把它及时地反映在平时的教学之中，计算机和网络技术作为一种工具，其教学应从课内扩展到课外，从校内扩展到校外，同时也要加强与其他学科的交叉渗透，将计算机巧妙地用于各个学科的教学中，加强学科创新能力之间的有效迁移，以提高学生综合应用知识、创新性地解决实际问题的能力。我们知道，加强各学科教学之间的联系与合作，会使学生的创新能力达到整体提高的目的。为了充分发挥学生的创新潜力,学校也应采取措施构建创新的教育环境。比如,在校内组织有关计算机及网页制作的各种比赛,同时对学生的创新成就进行奖励,并将优秀作品在网络上交流。这样就为学生提供了自主性、首创性和个性化表现的机会和可能。

(三)激发创新思维是培养学生创新能力的重要手段

(1)激发学生的学习兴趣,培养学生创新意识、创新精神

教师在指导学生学习的过程中,要采用多种方法,充分调动学生学习的主动性和积极性,只有产生了学习兴趣,才会有学习的动机,思维活动才会得以启动运行,从而获得信息,使自己的知识水平由量变到质变,最后结出丰硕的成果。因此,在计算机教学中,可以采用一些方法激活学生的思维:

①可以采用"任务驱动"教学方法

在每一节课课前,就给学生布置本课时要完成的任务,使学生在课前就调动各种手段,运用各种方法,大量搜集信息来完成这个任务,在这种动力的驱动下,学生在完成任务的过程中达到自主学习和掌握知识的目的。

②可以利用技能竞赛来强化能力的培养

中小学生争强好胜,对竞赛性的活动会积极踊跃地参加。因此,对于像文字输入练习这样的课,学生学起来会感到枯燥无味,教师可以利用好恰当的契机,组织一次汉字录入竞赛,利用计算机本身的考试软件进行竞赛,用看谁速度快、看谁准确率高来激励他们,这样,你追我赶,踊跃争先。这样不仅促进了键盘操作及汉字录入的熟练程度,更有助于培养学生坚强的意志和敢于冒险挑战的人格品质。

(2)灵活运用教学方法,激发学生创新思维

计算机课程本身就具有较强的灵活性、实践性、综合设计性,在教学中,如果教师结合教材,大胆进行教学设计,会激发学生的创新思维,培

养学生的创新能力。

在课堂教学过程中,计算机教师还要加强培养学生发现问题、提出问题和解决问题的能力。对不同层次学生的探索和创新欲望的不同,提出相应的需要解决的问题,并设计一系列具有适应不同的学生启发性强的问题。如在 word 教学中,艺术字、圆、五角星的插入以及图层的排列,在课本上这四部分是分别讲述的,教师可设计"印章制作"一节,以提高学生综合创新能力。

综合设计教学,教师要充分挖掘培养与训练学生的创新能力,提出恰当的计算机综合设计课题,可参看以下要求:一要有适当难度;二要使教和学富有探索性;三要能培养与训练学生的创新能力。同时,在综合设计中也要启发学生自己发现问题、解决问题,使学生逐步养成独立获取知识和创造性地运用知识的良好的学习习惯。

总之,在计算机教学中,教师要充分利用计算机教学中的创造教育的因素,大胆地实践,让学生尽情地自由发挥,挖掘他们潜在的创造因子,优化教学设计,以先进理论来展现全新的教学思路,让学生的创造思维与个性有长足进步,让学生的素质得以全面提高。

四、科学教学中加强素质培养

科学学科教育是一门综合性学科,它是将科学、技术、社会紧密联系,操作性、实践性、创造性和社会性都很强的学科。结合小学科学教育的特点,科学地、系统地对学生进行创新素质的培养非常必要,而且切实可行。

因此,在教学时要让学生在宽松的时间和空间充分地感知,大胆地实践,自行探究,培养学生创新精神和实践能力。

(一)学会细致观察,发现规律

比如,水的浮力是一种摸不着、看不见但能感知到的力,对于小学生来说,探究其内在规律是有一定难度的。因此,学生对于物体的沉浮一开始只停留在轻的物体在水中会上浮,重的物体在水中会下沉的认识水平上。教师在教学中,首先要求学生测出相同体积的塑料块、木块、铁块、铝块的质量,再将这四种物体放入水中,观察是沉还是浮,然后再测出同体积的水的质量,与上面四种物体相比较,他们就会得出结论,物体与同体积的水相比,比水重的就会下沉,比水轻的就会上浮。通过以上过程就可以让学生进一步发现物体在水中沉浮的规律。

（二）充分实际体验,形成概念

教学中要求学生建立"水的浮力"概念的学习时,教材安排了三个实验,要求教师带着学生一个个做实验,做完一个实验,学生汇报一次,最后小结归纳出什么是水的浮力。这样,学生总是被老师牵制着,没有足够的时间感知、体验,对概念的形成与建立起不到促进作用。因此,在教学中教师如果引导学生把在水中上浮的材料——木块、泡沫塑料、气球等分别放入水中,用手往下按,每人反复做几次,然后谈谈各自的感受,学生会将自己在实验中相同的、不同的感受体验说出来,这样,一方面放手让学生一起做完三个实验,使每个学生都充分感知在水中上浮的物体都受到一个向上的力,这个力就是水的浮力,概念自然地被提示出来,同时也使学生认识到在水中上浮的物体都是受到水的浮力的作用的。这样,不但锻炼了学生的实验能力和思维能力,而且抽象的概念也通过自己的实验形成并建立起来。

(三)进行自主探究,发现规律

在水中上浮的物体都受到了水的浮力,那么在水中下沉的物体是否也受到水的浮力? 对这部分内容,也可以通过以下几步来进行。

(1)以"提出假设"之法,激发兴趣促进思维

"水中下沉的物体是否也受到水的浮力"这一问题,教学中,教师可以让学生根据已有的知识和日常生活的感受大胆猜想,提出自己的看法。有的说没有受到水的浮力,钩码、石块放在水里就会沉底了;有的说受到水的浮力,一桶水在水里提着比在岸上感觉轻。这样大胆的假设,可以促进学生积极思维、积极探索,从而发现规律。

(2)进行"演示设计、实验",锻炼技巧、能力

以上学生提出的假设,到底对错,完全可以通过实验来验证。教学时可以设计并演示如下实验。

取三根等长的细橡皮筋,并排等距悬挂于一个支架的横杆上,然后在第二根皮筋上系一个钩码,这时让学生观察,比较其长度与第一根有何变化? 再在第三根皮筋上挂一个相同的钩码,等皮筋不再伸长时轻轻托钩码。再与第二根皮筋比较,长度有什么变化。学生看到第二根皮筋伸长了,第三根皮筋先是伸长后又缩短了些,这一实验现象为学生设计实验提供了原型。设计时,可以让学生利用现有的材料:橡皮筋、钩码、直尺、水槽。分组讨论设计实验方案,学生提出多种方法。如用皮筋提钩码,用直尺量钩码在空气中和没在水中的皮筋长度,并比较。由此学生根据自己设计的方案进行实验,每组学生分工合作,有的提钩码,有的量长度,有的做记录,在这个过程中能较好地培养学生的实验能力和使用能力。这无疑也告诉学生——实践是检验真理的标准。

（3）学会归纳、总结，提高综合素质

通过实验，学生会发现挂上同一个钩码的橡皮筋没入水中的长度比在空气中的长度变短了，说明钩码在水中也受到水的浮力。从而得出"在水中下沉的物体也受到水的浮力"的结论。在此基础上引导学生如下推理：在水中上浮的物体受到水的浮力，在水中下沉的物体也受到水的浮力。因此，所有的物体在水中都受到水的浮力。学生自主探究，既锻炼了动手能力，又在探究中发现了规律。

作为新时代的教师，教学中应该充分体现教师的主导和学生的主体作用，并采用多种方式、方法，多方面启发引导，充分发挥学生的主动性，为学生创设广阔的思维空间和实践机会，让学生大胆猜想，自行设计、验证，学会并运用自主合作、独立探索的活动，自行获得科学知识，这样就使实验与思维紧密联系，使学生既学会了实验方法，又促进了创造性思维的发展，也能尽可能地让学生发现问题、分析问题、解决问题的能力得到提高。

所以，教师如果在教学中注意引导学生掌握科学的探索方法，就能够充分挖掘学生的内在潜力，培养学生的创新能力，提高学生的综合素质。

第七章　校园文化、艺术环境的建设

　　校园文化是学校教育不可缺少的重要组成部分,是学校所具有的特定的精神环境和文化氛围,它能够充分体现学校的校风、校貌。它是全面育人的辐射源,是素质教育的能量库,是一部无声的教科书。健康和谐的校园文化,能给师生创造一个有形而厚重的心理"磁场",又能在无形中统摄全体师生的精神灵魂。

一、环境育人,展示艺术教育的无穷魅力

　　苏联著名教育实践家和教育理论家苏霍姆林斯基曾说过:让校园的每一块墙壁都会"说话"。这就是说要让学生视线所及之处,都有心灵的沟通,都有思想教育意义。为了达到这一目的,我们就应该让石壁、墙壁"说话",并使它们成为扩大学生视野、陶冶学生情操的"立体的画,无声的诗",使得整个校园成为思想品德教育的大课堂。

(一)让走廊艺术成为学生努力攀登的又一高峰

　　学校走廊文化建设有很多主题如教师职业道德教育、中国传统文化——二十四孝、中学生传统美德教育、中学生心理健康教育、中学生责任与习惯、小学生礼仪教育、小学生常规教育、诚信与感恩教育、世界著名大学、中外现代教育家名言录、名家劝学教育、国学经典教育、百年诺贝尔教育、名人小故事教育、中华五千年文明史教育、世界五千年文明史教育、世界科技大博览、中华励志故事教育、勤俭自强教育、明礼诚信教育、知礼明世小故事教育、古词赏析教育、成语故事教育、中国文化与自然遗产、国粹艺术欣赏、中国绘画艺术欣赏、西方绘画艺术欣赏、中国书法艺术欣赏、中外经典音乐艺术欣赏、奥林匹克运动知识教育、航天科技

博览教育、未来世界教育、文化生活、丰富多彩的人类家园教育主题、读书鉴赏教育、校园百句英语教育、中外名言、中外名画欣赏等等,都能很好地提高学生的艺术欣赏水平。

中外现代教育家名言录如:

中学生传统美德教育如:

名家劝学教育如:

文化生活如：

礼仪、常规教育如：

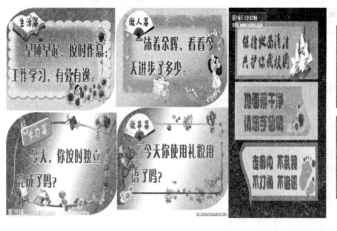

国学经典教育如：

成语故事教育如：

诚信与感恩教育如：

奥林匹克运动知识教育如：

航天科技博览教育如：

世界著名大学如：

教育格言如：

反思的深度＋创新
的力度＝教师专业发展
的高度。

如果你追求卓越，仅仅是
"鹤立鸡群"还不够，因为仙
鹤太多，除非你做骆驼。

教育是一种"做"的哲学，
管理是一种"细节"的文化。

中外名言如：

我们也可以在每个班级外面的走廊里，都有一张巨幅照片，那是全体班级成员——旁边注有班训：或"和谐的大家庭"、或"团结、进取、争先"、或"勤思、善问、好学"、或"学会自立"、或"懂得感恩"等等；有学生自创的"沙与沫"；有好人好事、有温馨提示、有取得的荣誉等等。每期都由不同的学生设计。所以，每新更换一期，都有许多同班、外班同学们驻足欣赏，既有知识的吸纳，又有艺术的熏陶。校园走廊成了同学们崇尚、羡慕、期待并引以为自豪的精神园地。

（二）布置教室，成了学生各显神通的绝佳时机

中小学教室里分布了多种多样形式各异的版块，如"学习园地""我们的故事""成长的足迹""才艺大展""露两手"等等。

学习园地如：

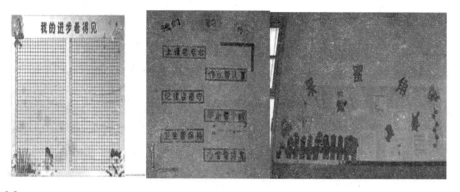

我们的故事如：

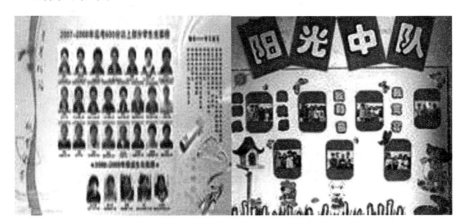

成长的足迹如：

才艺大展如：

露两手如：

学生自己的优秀作文、成长足迹、美术作品都可以在这里展示，我们可以看到学生们在这里凝聚的汗水、闪光的智慧、张扬的个性、扬帆起航的梦想，也形成了每个班级中不同的人文氛围。

（三）"温馨提示"，是学生品德形成的又一途径

现在,每当你走进校园,就会发现或草坪旁边、或绿化带周围、或操场跑道的边缘、或凉亭的附近都有对学生的温馨提示:"拥有生命,你能看到更美丽的风景""手上留情花自香,脚下留情草如茵""花草有情人有情,小草向你笑盈盈"" 拥有生命是我们的权利,珍爱生命是我们的义务""让读书成为习惯,让书香溢满校园"……这些蕴涵文学底蕴的、生动形象的语言,就如同一位静默的老师,在学生们嬉戏玩耍、驻足观赏的时候,就无声润物地对他们进行了良好习惯、优秀品德形成的教育。

二、主题活动,使学生课余生活丰富多彩

主题活动是学生思想教育极其有效的载体。寓思想品德教育于生动活泼、具体形象的校园文化活动之中,是行之有效的艺术教育手段。

(一)开展一系列文化体育活动。要有重点、有针对性和实效性地结合重大事件、传统节日、法定节日开展多种多样、丰富多彩的主题活动。

3月份的"学雷锋活动月"

雷锋精神是我们中华民族宝贵的精神财富。四十多年来,它激励着一代又一代的青少年健康成长,促进了社会文明的进步。校园是青少年健康成长的摇篮,提倡"以德育人",雷锋精神就是最重要的组成部分。因此,根据学校德育工作重点和思路,结合有关精神,制定开展学雷锋志愿服务活动。

以"向雷锋同志学习"题词纪念日为契机,党、团员老师组织少先队员开展形式多样、扎实有效的学习雷锋活动。引导广大师生学习落实雷锋精神,以自己的言行推进学校德育工作开展。加深学生对雷锋精神的认识和理解,促使学生自觉主动地在学习生活中时刻关注雷锋精神,长期形成学雷锋的氛围。学雷锋精神,做文明学生;承优良传统,献爱心感恩。

(1)营造学雷锋氛围

①课间音乐播放学雷锋歌曲。

②读雷锋故事、摘抄雷锋日记。

③周一升旗仪式进行学雷锋动员。

（2）学雷锋见行动

①将爱心献给社会，全校师生到社区进行义务劳动。

②开展多种形式的学习雷锋活动（板报、手抄报）。

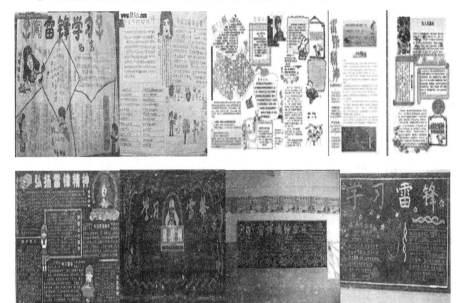

③将爱心献给地球。

④将爱心献给他人。

开展多种形式的助人、互助活动。把一些可以卖钱的垃圾收集好卖给废品收购站，所得钱款做班费；为学校图书馆、班级图书角捐献图书；帮助小同学打扫卫生等等。

（3）将爱心献给自己

①像雷锋一样珍惜时间。

②像雷锋一样勤奋学习。

③像雷锋一样勤俭节约。

学雷锋活动通过学校统一组织安排与班级自主组织开展相结合,注意保存资料,3月底学校对各班学雷锋情况进行综合表彰。认真总结本次主题教育活动,要将学雷锋活动与行为规范教育活动相结合、与革命传统教育相结合、与感恩教育相结合、与社会实践活动相结合。让"雷锋"活在新世纪的今天,让雷锋精神永驻校园。

4月份的"书香校园书法大赛"

5月份的"春季运动会"或"发扬'五四'精神",6月份小学生可以"庆祝自己的节日",7月份的"歌颂党的恩情",9月份的"感谢我们的老师"。

10月份的"'祖国颂'诗朗诵"

祖国颂

透过历史的眼眸

我站在岁月的臂膀上远眺

在黄河壶口的惊涛里

我听到一种经久不息的激情

在珠穆朗玛峰的雪海中

我凝视一种千年不变的真纯

在秦兵马俑的坑道里

我感悟到一种雄浑与深沉

啊　祖国母亲

您脚下的这片土地

曾是金戈铁马狼烟四起的战场

曾是秦汉雄风大唐屹立的巨人

曾是八国联军洗劫岗楼林立的疮痍

曾是赤地千里吃糠咽菜贫瘠的土地

可这里　也是百折不挠自强不息的热土

生我养我的母亲

透过历史的眼眸

我站在岁月的臂膀上远眺

在南湖荡漾的波光中

一把铁锤怒吼着

要砸碎旧世界的一切枷锁

一把镰刀呼啸着

要冲破黎明前的黑暗

建立一个崭新的中国

看　井冈山漫山遍野的红杜鹃啊

一个令楚辞离骚惊叹的篇章

听 南昌上空清脆的枪声

是一种令青铜秦俑凝望的神韵

长江　给我力量　让我长大

黄河　给我智慧　让我成熟

泰山　给我身躯　给我信心

让我战胜一切艰难险阻

迎接新中国的万道霞光

母亲用那坚实的臂膀将我托起

像一条腾飞的巨龙

屹立在世界的东方

啊　祖国母亲

您就是这样伟大

您用乳汁养育千千万万英雄儿女

您用汗水浇灌这富饶的土地

您向全世界庄严宣告

中华人民共和国成立了

您成了我生命中永不停息的动力

您是我远航归来的避风港　栖息地

透过历史的眼眸

我站在未来的彼岸回望

在妈祖庙袅袅的香火里

我听到《七子之歌》在吟唱

在淡水湾湛蓝湛蓝的海水中

我嗅到紫荆花那醉人的芬芳

在世纪坛巍峨的造型里

我感受到新世纪的脚步

正铿锵有力　向我们走来

啊　祖国母亲

您正迈着矫健的步伐

让大地披上绿色的盛装

山青了　水绿了

城市的模样也变了

空气中弥漫着绿色的春意

树木葱翠　鸟语花香

就连孩子们的歌声里

也有绿色的旋律在回荡

啊　祖国母亲

是您把民族复兴的大门敞开

五十六个民族绘成了一朵花

是您的胸怀宽广

接纳儿女们驿动似火的青春

是您把改革的春风

吹遍大江南北　横贯东西

是您让科学进一步发展

使我们提前进入和谐社会大快人心

这 是一个承前启后的时代

这是新的机遇 新的挑战

这是日新月异的时代

这是知识创新　与时俱进的时代

这是继往开来的时代

母亲啊　妈妈

您带领着华夏儿女们

肩负着沉甸甸的嘱托

憧憬着幸福美好的前景和未来

祖国在花海中前行

我们把战鼓擂起

祖国在春风中前行

我们把新世纪的脚步紧跟

我们用歌声串成珠链

穿越时空的隧道

将它悬挂天空

让全世界聆听中国人民的心声

祖国啊　我的母亲

衷心地祝福您啊　祝福您

我的祖国　我的母亲

这些活动不但丰富了师生们的文化生活,增强了校园的文化氛围,更是对学生进行集体主义、爱国主义教育的良好机会。

(二)创造条件,丰富学生的课余生活

学校可以要求班级每月出一期内容、形式各不相同的黑板报,每学期要看两次电影。星期六、星期日组建学校音乐、美术、书法、写作、足球、篮球、乒乓球等兴趣小组。以这种丰富多彩的课余活动,展示学生们的青春活力和无穷动力,这会大大地促进学生德、智、体、美全面发展。

三、以高尚的师德,促进学生养成教育

(一)坚持育人为本,以德立教

教师本身就是一本德育书,学生们每时每刻都在阅读。教师的一言一行都对学生起到了潜移默化的影响。可以说教师是立校之本,而师德师风则是教育之魂。苏联教育家乌申斯基曾说:"在教育中,一切都应以教育者的人格为基础……只有人格才能影响人格的发展和形成。"著名教育家斯霞也曾说过:"要使学生的品德高尚,教师首先应该是一个品德高尚的人。"因此,校园文化建设中,师德师风建设是思想建设的首要工作。每个星期坚持进行两次政治、业务学习,使每位教师在学习中能够重新的审视自己,树立教书育人、爱岗敬业、率先垂范、为人师表、开拓进取、勇于创新的理念,使得教师正确的人生观、价值观得以体现,并深刻地影响他们的每一个学生。

(二)严格制度促进养成教育

明确而严格的校规和校纪是强化校风的重要方法,根据素质教育的要求以及学校的特点,师生共同设计了体现时代要求的校训、校风、校歌、校服等。

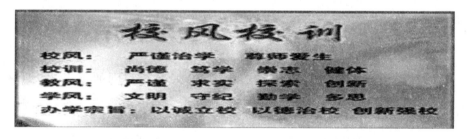

制订了一系列学生在校学习、生活的规章制度,严格抓好学生日常行为规范的养成教育,组织成人宣誓仪式。

成人宣誓仪式由年满18岁的学生宣誓,书记主持,内容如下:

尊敬的各位领导、亲爱的同学们:

大家下午好!

今天,我们在这里隆重集会,举行学生18岁成人宣誓仪式,你们将面对国旗庄严宣誓,用壮丽的誓言为人生掀开新的一页,用青春的激情谱写生命中新的篇章。

下面我宣布:

18岁成人宣誓仪式现在正式开始。

(1)全体起立。

唱国歌,行注目礼。

请坐下。

(2)年青的朋友们,今天你们已经年满18周岁了,我们欢聚在一起,举行隆重的18岁成人宣誓仪式。

中学生活,正是你们从未成年人向成年人转变的关键时期,你们完成了公民意识教育,成人预备期志愿服务,今天,在这里举行成人宣誓仪式,它标志着你们开始步入成年人的行列,并将一步步走向成熟。让我们面对鲜艳的中华人民共和国国旗,以成人的姿态、豪迈的语调庄严宣誓。

下面,×××同学带领大家宣誓。

《成年仪式宣誓词》

我是中华人民共和国公民/在18岁成年之际/面对国旗,庄严宣誓/

我立志成为/有理想、有道德、有文化、有纪律的社会主义公民/遵守宪法和法律/热爱社会主义祖国/拥护中国共产党的领导/正确行使公民权利/积极履行公民义务/自觉遵守社会公德/服务他人,奉献社会/崇尚科学,追求真知/完善人格,强健体魄/为中华民族的富强、民主、文明与和谐/艰苦创业,奋斗终生!

宣誓人:×××

(3)"以我火红青春,建设锦绣中华;以我壮志激情,创造崭新未来"。它回响在××学校,汹涌在心田,它将时刻激励着你们向着新的目标奋进。

我们的成长,离不开老师的悉心呵护和学校领导的贴心关怀,

下面请副书记致词。

(4)同学们,书记对我们大家提出了殷切的希望,也是我们老师共同

的愿望。在你们成长的过程中,除了老师和学校领导的呵护关怀之外,业已成年的你们,是否能深切体会到"父母是我们的第一位老师"呢?在你们成长的过程中,是父母扶你走路,教你说话,教会了你们怎样做人。父母在你们的成长过程中倾注了大量的精力和心血,你们的每一次进步都是对父母最好的报答。

下面我们欢迎学生家长代表致词。

青春无悔 前程灿烂

——在中学生 18 岁成人宣誓仪式上的讲话

×××家长代表

尊敬的各位领导、老师,亲爱的同学们——青年朋友们:

大家好!

今天,是一个青春靓丽的日子,一个生机无限的日子,一个魅力飞扬的日子。我作为家长,很高兴能在这里和年满 18 岁的同学欢聚一堂,共同见证生命的庄严和美丽。在此,我代表所有的家长朋友向你们表示衷心的祝贺,祝贺你们从此告别了童稚和天真,步入了人生更加辉煌的季节;祝贺你们在这一流的国家级重点校里汲取了营养,即将振翅高飞。同时,更要对悉心关怀、培养你们的学校领导、老师,致以诚挚的谢意。

青年朋友们,18 岁意味着青春,意味着激情,意味着梦想,更意味着责任和价值。

你们生逢盛世,有广阔的舞台可施展,有无限的机遇可把握。知识经济的浪潮正扑面而来,唯有努力学习,不畏艰难,不怕挫折与坎坷,在哪儿跌倒了就在哪儿爬起来,用知识武装自己,才能更好地成长;你们的成长需要积极地进取,持之以恒。因为,前进的道路上不只是鲜花与掌声,也充满着荆棘与挑战,唯有迎难而上,百折不挠,才能取得成功;而你们的成功更需要不断地创新,要在新的挑战和机遇面前,用创新的精神、创新的智慧去投身于自我充实的求知之路。

在这里我尤其要说的是,在25年前,和大家一样青春的我,怀揣着对未来的美好憧憬、向往和满腔热情,走上了工作岗位,走进了×××学校这知识的殿堂。在这里我体会到了生命的辉煌,更遭遇到了人生的低谷。刚参加工作不久,由于工作的需要,我接任了音美高考毕业班的语文课,也给了我实现雄心和抱负的平台。我拿出十二分的热情来应战,每天起早贪晚,可以说是披星戴月——早上6点多就到学校刻钢板、印卷子,常常把手都磨出了血泡……这自然也深得同学们的喜爱和领导的赞赏。我任课的音美两个毕业班共60余名同学参加高考,有24名同学考上了上级院校,迄今为止,仍可说是空前绝后,这其中也实在不乏我的良苦用心。

然而,凡事总不是一帆风顺的,正当我"春风得意"之时,理想的头却猛然碰了一个大钉子——由于我课堂要求的严格,几个调皮的学生却在年终测评的时候故意刁难我,给了我个差评,我也自然被大会点了名,虽说后来领导找我谈,表示了对此事的理解,可我却怎么也不能理解了。我的热情之火就这样轻而易举地被活活熄灭,从此偃旗息鼓,一蹶不振,不求有功,但求无过。直到碌碌无为、韶华将逝之时,才幡然醒悟——无功便是过。今天,在这里,我愿大家以此为戒,与我共勉。正如著名作家老舍所说:不要因为阳台上有一束枯萎的花朵,就怀疑阳光;不要因为马路上有几处垃圾,就像苍蝇一样追腥逐臭。

同学们,请不要抱怨你们的父母,他们已为你们含辛茹苦,尽其所能;不要抱怨你们的老师,他们已为你们操碎了心,用尽了力;更不要抱怨我们的学校,领导已为你们创设了优雅的学习环境,配备了精良的师资队伍,购置了先进的教学设备,使大家能够成就梦想,放飞希望,升学有出路,就业有保障。年青的朋友们,父母需要你们,你们要承担起扬眉吐气的重任;家族需要你们,你们要承担起光宗耀祖的重任;学校需要你们,你们要承担起改写历史的重任;祖国需要你们,你们要承担起中华民族伟大复兴的重任。屈指数来,再有一百五十多个日夜,我们或将进入高等学府,继续深造,或将走向社会,谋求发展。寸光寸金,时不我待。黄牛尚知夕阳晚,不用扬鞭自奋蹄。同学们,加油吧,有老师为我们擂响战鼓,奋斗吧,有家长为我们呐喊助威,拼搏吧,有领导为我们保驾护航。拼他个无悔青春,拼出个灿烂前程!

(5)得知我们召开成人仪式,很多家长也送来了祝福,下面请看大屏幕《家长寄语》。

(6)同学们,青年朋友们,祖国的希望、师长的嘱托、父辈的寄语,汇集起一股股暖流,鼓动你展开理想的翅膀去飞翔,扬起奋进的风帆去远航。

下面由×××同学代表全体学生表达跨入成年时刻的心声。

尊敬的学校领导,各位老师,亲爱的同学们:

大家好!时光飞逝,带走了我们17个春夏秋冬;岁月匆匆,迎来了我们18岁成人宣誓。

18岁是青春的象征,像刚出水的芙蓉,在阳光的沐浴下,闪耀着迷人的色彩,18岁,是成熟的标志,犹如一艘起锚的帆船乘风破浪,勇往直前。

18岁是一个多么美丽而神圣的字眼。它意味着从此以后我们将承担更大的责任,思考更深的道理,探求更多的知识;它也意味着从此以后我们要将理想转化为现实,将依赖、依靠变为自立和自强;它还意味着从此以后,我们将和所有的成年人一样履行宪法赋予的权利与义务,担负起建设伟大祖国、和谐社会这神圣而庄严的使命!

我们要感谢父母。从呱呱坠地到18岁成人,我们经历了6570个日日夜夜。我们摔倒过、哭泣过、偷懒过、生病过、做错过,扶起我们的是父母,最心疼我们的是父母,最包容我们的是父母,最苦最累的也是父母!

我们感谢老师。从幼儿园到今天,15年的熏陶,培养成就了今天的我们,他们像园丁,辛勤耕耘,他们像蜡烛,燃烧自己照亮别人,他们为党的教育事业呕心沥血,勤勤恳恳。此刻我想说的是:"一日为师,终身为父!"

我们要感谢生活。酸、甜、苦、辣都给我们以收获;快乐时,给予我们这份纯真而又自信的幸福年代;烦恼时,给予我们这份精彩而又激烈的少年轻狂;难过时,给予我们这份壮阔而又宏伟的人生经历;兴奋时,给予我们这份痛快而又难得的淋漓与洒脱。

我们要感谢母校。我们将从这里告别中学时代,母校领导的教诲、老师的辛劳、员工的奉献、同学的友情、校园的温馨,都在我们的脑海里烙下了深深印记,将来不管走到哪里,我们都会自豪地说,"我的母校是×××中学。"

寒来暑往,我们经历了数年的苦学。在经历磨炼即将收获的时刻,面对一道道难关,我们绝不轻言放弃,面对一次次挫折,我们鼓起勇气。不要说我们机会不多,不要想冲刺目标很难,不要怕对手的强大,我们存在着,我们奋斗着,我们互相激励着"学海无径勤是岸,云层有路志是梯。""宝剑锋从磨砺出,梅花香自苦寒来"。同学们,奋斗是桨,会荡起远征的船;奋斗是船,会张满乘风的帆;奋斗是帆,会腾越汹涌的潮,会送我们抵达成功的彼岸。

让我们用青春激昂人生,用勤奋参与竞争,用实力搏击高考,用信念书写辉煌。青春的生命正迎来一个崭新的季节!

谢谢大家!

(7)同学们,青年朋友们,今天你们成年了,成年是快乐的,但成年意

味着独立,成年也意味着责任。我们相信,你们不会辜负老师、父母的殷切希望,一定会在即将到来的高考中,以优异的成绩交出你们成年后第一份满意的答卷。

坚持开展文明班队等的评比活动,以加强学生的组织纪律性,规范学生的行为,促使学生养成良好的行为习惯。

四、联系社区,繁荣发展文化建设

(一)学校是社区的一部分,学校文化也是社区文化的有机组成部分,因此校园文化更重要的是带动整个社区文化的繁荣与发展。成立家

长学校,通过对家长家庭教育的指导与沟通,提高家长家庭教育的水平及家庭的文明和谐,提升家庭教育效能,从而达到对社区文化的辐射。经常组织师生走访社区各单位,邀请社区及各届代表人物走进校园,为学校作报告、进行法制讲座、交通法规宣传等,以社区文化来推动校园文化,以加强"亲密接触"。同时,也将把爱心奉献给社区,开展"捐助失学儿童""慰问敬老院老人"等各种形式的公益活动,使学校与社区沟通、融合。

暑期社会实践活动

青春是生命的旋律,青春是跳动的音符,学生应该奏响青春的旋律,唱响青春的音符。2011年的夏天,虽然酷热难耐,但是,学生度过了一个有意义的暑假,为自己的青春画上彩色的一笔。校团委积极响应团省委、团市委的号召,精心组织,认真筹备并开展了以"永远跟党走 青春献祖国"为主题的2011年暑期学生"三下乡"社会实践活动。在此次实践活动中带领学生走进街道社区、乡镇村屯,特别是结合学校专业特点到敬老院、部分企业进行义务劳动、见习实践,真正让学生在实践中有所收获,有所提高,在此次活动中收获颇多。

(1)重要意义

学生参与"三下乡"活动,是当年"五四"青年开创的"走向社会,深入民众"光荣传统的延续,是我们知识分子同工农群众相结合、教育同生产实践相结合的一贯方针在新时期的集中体现,是青年学生健康成长、将自身价值与祖国命运紧密相连的必由之路。学生通过在职业学校学习后,要想尽快地成为现代化建设的有用人才,适应社会的需要,就要在学习期间,积极参加社会实践活动,认识社会,认识自己的社会位置,明确自己的历史使命,激发自己的学习热情,调整和完善自己的知识结构,战胜各种困难和挫折,锻炼意志和毅力,为适应以后的工作做一定准备。

在实践活动中把书本中学习到的知识与投身于社会实践统一起来,自觉走与实践相结合、努力缩短成长与社会需要之间的距离,提高解决实际问题的能力,对自己才干的增长具有十分重要的意义。通过实践活动,学生充分理解了这次活动的重要目的。

(2)重要收获

在这次暑期"三下乡"社会实践活动中,慰问了"夕阳红"敬老院、清理街道小广告、帮扶贫困老人、联系企业见习实践——得到了各界人士的好评。7月2日,学校组织了第一支"三下乡"小组23人,慰问我市"夕阳红"敬老院,学生主动给老人洗衣服、梳头、晒被子、打扫屋子、讲故事,听老人讲过去的事……做些力所能及的事情。在活动中老人们一个劲地说"这都是自己的亲孙女、亲孙子啊……"从活动中,同学们感受到了"夕阳无限好,只是近黄昏"的惋惜,也从老人的眼中读到了一种对子女关怀的渴望。老吾老以及人之老,希望我们在关怀自己的老人的基础上,也将爱心传递到世界的每个角落,关注社会上更多的孤寡老人,予人温暖与关怀。7月10日第二支"三下乡"队伍出发了,出发目的地是我市的中材科技和通力实业有限公司,一共30人,组织学生到两个工厂进行见习实践,这是结合学校专业特点进行的实践活动,让学生在工厂里接受洗礼,加强了理论联系实际的能力,很适合我们的学生。他们不仅夯实了在校学习的书本知识,也扩大了自己的知识范畴,通过机械设备的观察,弥补了他们理论上的不足,加深了对知识的记忆。在整个实习过程中,我们的队伍井然有序,虚心学习,不懂就问,得到了厂领导的赞扬。7月13日,顶着烈日,我们的第三支"三下乡"队伍25人,忙碌在大街小巷,认真地清理街道上、电线杆上的小广告。在劳动过程中,我们的学生服从组织安排,没有一个叫苦叫累的,路过的市民无不拍手称赞。7月15

日，学校组织的又一支队伍拎着米、面、油和水果，到二三七处 32 号楼 4 单元探望贫困老人程绍真，人到古稀之年，应该享受到天伦之乐，可是这位老人，无依无靠，还得供孙女上学……学生们很感动，所以自发组织，带着生活用品和水果，给老人送去温暖，老人热泪盈眶连连感谢……临走时，老人依依不舍，目送着学生远去……

回想此次暑期"三下乡"社会实践活动，此次活动还是比较成功的，是一次有意义的社会活动，学生在社会实践中充满了高度的热情，吃苦耐劳，充分发挥互帮互助的精神，从实践中受到深刻的启发和教育，使思想得到升华，社会责任感增强。进一步坚定了要到祖国最需要的地方磨练意志、砥砺品格，将所学知识用于实践，在实践中不断提高的决心。在实践中，学生的人生观、价值观得到进一步的强化，提高了认识能力、适应能力和创新能力。"三下乡"社会实践活动是加强和改进学生思想政治教育工作的重要措施，是培养学生创造精神和创新能力的有效载体。此次活动我们虽然画上了圆满的句号，但是"三下乡"活动的路还很长，应

学生正在为敬老院擦玻璃

该一如既往地开展下去,成为学生在实践中学习专业知识和德育教育的一条特殊通道。我们要创新活动的形式,增强吸引力和时效性,突出活动重点,构建长效机制,坚持从实际出发,与时俱进,不断总结完善,更好地服务于农村,使学生在"三下乡"社会实践活动中得到进一步的锻炼和提高。

工厂师傅指导学生实践

学生慰问贫困老人途中

学生正在听工人师傅讲解

学生做风焊切割操作

学生正在清理路边小广告

(二)可以充分利用社区文化推动校园文化,使之成为学生认识和了解社会的窗口。学校周边自然资源和社会资源十分丰富,为此学校与有关单位建立了联系。同时,邀请省、市政法领导担任校法制副校长,定期给家长开展法制教育讲座。

现在,校园文化已经升华为一种全方位塑造教育的生命文化。在这样的文化熏陶下,学生的观念、品味、素养也都在逐步升华,学校文化也让学校真正成为了师生一路进取和成长的精神家园。

第八章　课外、校外艺术教育活动是学校艺术教育的重要组成部分

由于课外、校外艺术活动在半个世纪的发展历程中已经形成了"活动为主"的教育特色,这与传统的学校教育相比较,有其独特的特点和规律,而这种规律是适应少年儿童身心发展的要求,特别是对培养少年儿童思想道德素质、科学素质、审美素质有着举足轻重的作用。

课外、校外艺术活动有以下特点:

一、参与活动对象具有群体性

课外、校外艺术活动小组是根据学生和家长对活动项目的取向,及时增设、调整活动项目,并有针对性地充分利用现有活动空间,采用的一种复式教学活动模式,一般情形说来是相对稳定的,但也不像常规班级那样具有规定性。因为参加小组活动的学生有出有进,流动性比较大;每个小组的学生,也不都是同年级的。但它是让学生自主选择活动时间、活动内容、活动组合,最大限度地满足了不同层次学生参加艺术活动的需要。如音乐社团、合唱团、器乐团、美术小组、书法小组等,这种活动小组,充分利用学校的阵地资源和广泛的社会教育资源,满足广大同学的各种兴趣、爱好、愿望和要求,满足广大同学个性的全面发展的需要。目前看,参加课外、校外艺术活动的人数非常多,课外、校外艺术活动对象的群众性也体现了素质教育的第一要素——全体性。

二、参与活动的学生具有自主性

学生参加课外、校外艺术活动的各个项目或各种学科,都是根据他们自己的兴趣、爱好和现有水平自主选择参加的,而且从始至终都有选择的自由。它不像课堂教学中编班、课程设置、教材、教学进度和要求那样,大都具有一定的强制性,学生只有无条件地服从,没有任何选择的自由。而学校对学生评价的标准目前仍然取决于教师和分数。这就决定了课外、校外艺术活动必须依靠活动本身的感染力和吸引力才能赢得学生的喜欢。当学生主动参加了课外小组,自主选择参加活动的时间、地点、内容、形式,甚至活动教师及同伴,那么就意味着把活动的自主权交给学生,这是发扬学生作为活动主人的第一步,也是说学生对活动有支配权、控制权。这种自主权从主观上讲是一种权利,但客观上的意义是给学生开释潜能、展露才华提供了一个良好的机会。个别学生一年之中辗转参加几个活动项目,这就要求教师需用一种开放的心态、开放的学习过程满足他们的需求,这就意味着在形式上,学生亲身感受到自己作为活动主人,并且作为一种独立的个体,对自己的行为有自主的选择。这种活动,不仅创造了让学生自己服务、自主评价的机制,同时也体现了对学生参与活动自主权的尊重与信任。比如,在美术系列活动的辅导中,可以让学生在活动前自己搜集有关活动资料,在活动中自主选择一个主题,并完成一件绘画作品;活动后由学生对作品进行分析,将自评、他评相结合,充分表明学生自己的审美倾向,由此可以培养学生积极地、自主地学习探究精神。

三、组织活动的形式具有多样性

丰富多彩的课外、校外活动内容,决定了与课堂教学相适应的活动形式的多样性。其活动的形式一般可分为四个类型：

第一，稳定组织形式和专一内容的校外小组活动。如音乐、美术活动小组。

第二，群众性活动，是为一定的目的，为完成某项活动内容，而把学生暂时聚集在一起活动的组织形式。如主题系列活动、各种竞赛活动、艺术节、参观、访问、考察活动等等。

第三，个人的课外、校外艺术活动。

第四，综合性活动。国内外交流演出、冬（夏）令营等社会和艺术综合实践性活动。2011 年 9 月 25 日下午 3 时，学校的全体师生汇聚文化广场，举行庆祝"祖国万岁"的文艺汇演，即学校第八届校园文化艺术节。本次活动为了加强学生的爱国主义教育，以校园文化艺术节为平台，多层次多形式推进和谐校园建设，面向全体学生，展示一技之长。

组织实施

（一）活动准备阶段

（1）校园广播站的长期宣传作用。校园广播站自开播以来,每日清晨宣传的内容大多是学生投稿,如《佳文欣赏》《校园新闻》等节目丰富了学生的课余生活;学校组织学生进行广播演讲比赛,如《让校园充满爱》《弘扬中华传统美德》等,即开拓了学生视野,也促进了校园文化建设,充分发挥了校园文化宣传主阵地的作用。

（2）"好歌大家唱"卡拉 OK 演唱比赛,为此次活动选拔出大量的优秀人才。

（3）学校多次开展大型文艺活动,如"弘扬廉政文化 共建和谐校园"的文艺演出,以及校园文化艺术节,为此次活动积累了丰富的经验。

（4）为了迎接学校第八届校园文化艺术节,校团委组织学生进行了以"中华民族共命运"为主题的征文和手抄报比赛,为此次活动奠定了基础。

（5）起草活动方案,当活动内容下发之后,学生报名人数之多,虽然给我们的筛选工作带来了一定的难度,但我们很高兴,我们看到了同学的热情与信心,也高兴地发现我们的学生真是人才济济。

（二）活动开展阶段

（1）彩排阶段:9 月 25 日下午 2 时彩排,其中包括每个节目的出场和入场的顺序,道具的准备工作,音像的调试工作等。

（2）开展阶段:艺术节共分为四大板块:演唱类《我的中国心》《国家》《旗帜颂》,歌声遏天空之行云,止清江之流波;舞蹈类《盛世龙腾》《青春节拍》,舞姿轻盈,舞步飞旋;专业展示类:书法、茶艺、礼仪操,让人赏心悦目,展现学生个性特长;说口类:三句半《赞学校》,配乐诗朗诵《我骄傲,我是光荣的人民教师》,沁人心脾。

（三）活动总结

　　学校第八届文化艺术节历时一个小时,本届文化艺术节充分体现了师生之间、同学之间的合作与协作、理解和包容在校领导的关心和支持下,由团委和学生科老师精心策划、周密安排,全校师生积极参与,相关部门的大力协作,使本届文化艺术节取得了圆满成功。此次活动培养了学生的自信心和集体荣誉感,丰富了我校师生的校园文化生活,营造了积极向上、清新高雅、健康和谐的校园文化氛围,是庆祝建国62周年的献礼,为建立和谐校园作出了自己的贡献。

（四）活动点评

回首往事，第八届校园文化艺术节已取得了圆满成功；展望未来，学校将站在新的起点，开始新的征程！

（1）本次文化艺术节是师生同台演出，演奏了一曲曲精彩炫目的人生华彩。从筹备到演出，我们始终让学生上前，让他们得到了锻炼。通过艺术活动，架起了师生沟通的桥梁，学生的自信心增强了。

（2）本次活动内容丰富、异彩纷呈。同学们精心准备的专业作品展，就像五颜六色的风筝在空中翱翔，充分展现了同学们的多才多艺。

（3）文化艺术节结束了，沉思中也过滤出不少问题，如在做具体工作时的大而化之、偶然的懈怠和疏忽等等。不足之处在于各项活动的负责同学应更有果断措施，同学的任务安排既要落实又要有联系性与灵活性，需增强彼此之间的协作能力。

"校园文化艺术节"作为学校校园文化建设的品牌项目——它将用自信扎根蓝天、用梦想构筑舞台、用行动展示风采、用奋斗铸就辉煌。我们坚信在学校党委的正确领导下，学校"校园文化"将会创造出一个崭新的局面。

四、课外、校外艺术活动实施的实践性与社会化

课外、校外艺术活动也是学生的实践活动。很多知识和技能不是靠教师教授，而是主要靠学生自己动手、动脑实践，在不断的实践中得到收获。我们知道，学生在求学的过程中，有些知识和技能固然要靠教师传授，但是教师有责任创造条件，让学生在实践中运用这些知识和技能，并在运用中检验知识和技能的科学性。学生在实践中学习，又在学习中实践，这样，不但有利于培养学生的实践能力，而且只有这样知识技能才会牢固不忘。

要想突出课外、校外艺术活动的实践性,使课外艺术活动得以正常开展,就有必要坚持把"小组活动"与"展、演、赛"实践活动有机地融为一体,并落实到位,比如时间落实、场地落实、经费落实、辅导教师落实。积极创造条件增加各方面的密切交流,校内外、县内外、市内外、乃至省内外和国内外的交流,要有计划地组织学生参加一些重大赛事活动,还可以利用广阔的社会课堂进行艺术教育,把艺术教育推向社会大课堂。利用课余与节假日时间,组织学生到街道、社区进行文艺表演,春节期间向环卫部门进行慰问等。通过这些活动,学生能够接受十分有意义的社会化教育。这些丰富多彩的课外、校外艺术活动,积极地促进和发展了学生个性、特长,满足了师生的精神需求,陶冶了情操、树立了竞争进取的意识,塑造了良好的人格形象。这样看来,"小组活动"不但能够给学生创造一个展示自己才华与能力和创作成果的空间和实践舞台,而且更为学生开辟了一条了解社会、深入社会的广阔的道路。

五、活动中师生关系的和谐性

新课改以前,在学校常规教育教学中,由于受到传统教学体制的制约,特别是受传统教育观点和思想的影响,学生的命运几乎完全把握在教师手中:那就是教师教什么,学生只能学什么,教师说什么,学生就得听什么。"一言堂""满堂灌"的教学模式,仍然存在于一些学校的教育教学当中。随着课程改革的不断深入,尤其在校外活动大力开展后,教师与学生的角色以及所处的地位和作用,发生了变化——学生是活动的"主角",又是实践活动的"主角",教师变成了"引导着""辅导者""朋友"。在活动过程中,学生碰到什么题目,教师就及时帮助解决什么题目;学生需要什么,教师就及时讲解什么。因此,在"教"与"学"这对矛盾关系中,"学"成了主要矛盾方面,"教"成了矛盾的非主要方面。在课外、校外艺术活动评价中,对师生来说都没有分数的压力,也没有升学的压力,教师所期待的看到的是学生在愉快的学习中逐渐建立起来的自信心,以及能够更多地把握一些技能技巧和方式方法。比如,在美术教师率领学生写生的活动中,师生之间如同朋友的关系,学生渴望表现创作与教师的帮助、指导的融和。师生间也不存在明显的管束和依附的关系。这样学生在学习的过程当中就能够勇于独创,正像一位教师所言:"创新精神是无法强加给学生的,更不能灌输给学生,它需要学生内在的获得心灵上的自由和外在的教育和谐、同等、平等。"当然,正是这种和谐的师生关系,使学生在课外、校外艺术活动这块新鲜天地里愉快长大、和谐发展。师生关系的这种和谐性,正是实施素质教育所需要的情感基础。

(一)课外、校外艺术活动与校园文化建设的关系

在探索素质教育的实践中,形成了以学科课堂为主渠道,以课外、校外艺术活动为补充,以校本课程为辅助的三大板块课程结构体系,形成了以质量立校,以科研兴校,以文化强校的办学宗旨,课外、校外艺术活动是校园文化建设的内涵的外延,它与校园文化建设的关系体现在以下几个方面:

第一,通过课外、校外艺术活动,彰显校园文化特色。

许多年来,我们都在"一切为了孩子,一切为了明天"的办学思想引领下,确立了为发展而设计的哲学观。从关注理念更新,到注重内涵的发展;从关注课程实施,到推动特色的发展;从关注素质提升,到促进师生的发展;从关注制度建设,到保证持久的发展。以此逐步构建了符合素质教育要求的新的教育体系和教育特色。"创建艺术特色,打造精品学校"便成为了一个亮点。可以说,艺术课堂是培养和提升学生艺术素养的主要渠道,它打破了单独学科知识体系的界限和制约,具有创造性和自由度。依据新课标、新理念,"保底"抓常规,使学生普遍地、系统地接受音乐、美术基础教育。同时也鼓励教师注重培养学生个性,努力拓展教学空间,使每一个学生都能熟悉艺术,并自主地开展艺术活动。使得学生在"会表演、会鉴赏"中得到艺术素养的积淀与发展。

广泛开展多种形式的艺术教育活动,创设良好的校园文化艺术环境,不但可以唤醒学生心中的美,激发学生的创作欲望和灵感,也体现了对学生的人文关怀。教师在艺术人文教育活动中提高了专业水平,学生在艺术人文教育活动中放飞了想象、激发了灵感、彰显了个性、品味得到了提升,真正地感受着素质教育下的和谐教育与人文关怀。

所以,广泛开展艺术活动,努力提升师生艺术品味,艺术化的教育教学,进一步推动了校园文化环境和艺术化建设。

第二,渲染艺术氛围,弘扬当地特色文化精神。

常言道:"一方水土养一方人。"一种文化影响一种人。而教育本身就是一种文化活动,它实际上是人的再生产过程,它的根本是用人文来教化人,所以,教师的文化底蕴如何,教师个人的精神世界是否丰富,都会在潜移默化中直接影响到学生的发展。而"文化强校"的目标,是要创造浓厚的文化氛围,塑造出与众不同的特色。所谓特色就是办学过程中在某些领域有自己独到的风格,是其他学校在这些领域的发展所没有的或比较薄弱的,而如果坚持发展下去就是"品牌"。从长远发展来看,一个学校有特色,就可能形成品牌,而有品牌就能站住脚。

学校合唱队

学校合唱队

学校承载着的是文化的传承、积累、创新的工作,它更多地是通过环境的感染、思想的渗透、文化的浸润,在师生的观念、气质、性格、习惯等心理要素中形成比较持久而稳定的特征。因此,建设有特色的校园文化,是现代教育下学校的使命,同时也是一所学校综合素质的体现,综合竞争能力的表现。随着当前基础教育改革的不断深入,以文化立校,大力提倡"讲品位""讲合作",鼓励师生学会理解,学会尊重,学会合作,学会取信;学校发展追求特色,追求修养,追求境界,已成为教育改革的焦点和核心。个别学校实施音乐铃,这是校园文化艺术环境建设的一大举措,在校园创设出了轻松愉悦的文化氛围;创设绿色学校,将各种不同种类的树木规划种植,形成绿化带,高低错落有致,俯仰生姿,花坛中的花朵色彩纷呈,校园中在适当的位置设标语牌,是温馨提示和直言警示,这使校园环境温馨雅致。学校在美化、绿化、净化校园的同时,还充分利用广播站在课间宣传古今中外经典作品、世界名曲,或结合重大节日和纪念日组织宣传活动、文艺汇演等;利用走廊墙壁创办艺术天地、艺术画廊、学校宣传报、班级板报等宣传古今中外经典作品、名人名言、名人名著、校园内外的好人好事等,充分发挥了学校文化环境的重要作用,形成了健康、高雅的学校文化艺术氛围。这样既弘扬了世界各民族的文化以及民族精神,又丰富了学生的文化内涵,也会全面提高学生的整体素质。

学校鼓乐队

学校舞蹈队

第三,组建学生艺术社团,树立起学生自己的文化品牌。

学生也是社会的有机组成部分,而学校是培养学生的摇篮,学校的文化氛围对学生的意识形态、人生观、价值观等的形成都起着决定性的作用,可以说对学生有着巨大的影响。学生社团活动是当前学生活动的重要组成部分。组织学生艺术社团,可以由学生自己组建学校合唱团、器乐团、漫画团等社团,其表现出社团文化的特点是丰富、创造、自主、融合。由于社团是在特定年龄阶段由特定年龄的群体组成的,社团文化就是该特定群体所特有的文化层面。而该群体在这个时间段内无论从意识形态方面,还是对社会熟悉等方面都会受到前所未有的多元因素影响,这样就决定了高中学生作为即将步进大学、社会的群体,他们需要感知社会中的竞争与协作,需要进一步提升自己的综合素质,需要丰富自己、表现自己、锻炼自己、展示自己,并能够认识到与志同道合的友人团结协作的重大意义和作用,进而达到接触社会后,逐步被发现、认可并实现自己的人生价值、人生理想。只有学生将自己富有特色的文化,融合了他们所感知的一切文化层面,并通过自身的理解和提炼,创造出各具表现形式的学生文化,并在不断的实践中得到更广泛的发展,从而树立起学生自己的文化品牌。

(二)课外、校外艺术活动与社区文化建设的关系

社区文化的先进性与时代性、地域性与历史传统性、文化载体的丰富性与充实性以及文化的多元化与个性化,都非常具有典型代表意义和独特人文价值。教育事关民族的进步与发展,意义重大,影响深远。为了促进青少年个性与道德、身体与心理健康成长,不断为国家输送优秀人才,这不仅是学校教育的任务,也是党和政府,以及全社会的共同责任。教育社区的建设能为学生的课外活动提供必要场所和有利条件。

开展丰富多样的校外文化、科技、艺术、体育和革命传统教育等活动,会使学校、家庭和社会共同成为孩子们健康长大的乐园。可以说,在青少年成长的过程中,家庭教育负有更为直接的责任。父母是孩子的第一任老师,他们在青少年的成长过程中是最关键的教育工作者。为此父母就应当积极学习新的教育思想,新的教育观念,很好地把握科学的教育方法,并为孩子创造和谐、温馨、平等、宽松的家庭教育氛围。帮助孩子树立正确的人生观、价值观,并树立终身学习的思想和做孩子的榜样,尽可能广泛地参与学校教育教学改革活动。将家庭教育资源与学校教育紧密结合。使家庭、学校与社会共建校外教育组织机构。为此社区应当积极配合学校组织学生参加社会活动,使之逐步形成制度。

试想如果学校每年都能够开展传统性的艺术活动,学校在迎接"六一""五四""七一""十一"等特殊或重大节日时,采用不同形式举行活动,尤其是大合唱团这种传统形式,建立合唱队、舞蹈队等,学校团队随时都能拿出节目配合学校的各项工作,还能积极参加社区的文化活动像晨练(集体舞、秧歌队……)、"新年晚会"等。这也带动了社区的文化活动。通过学校影响家庭,影响社区,学校、家庭与社区三者之间互为联动的关系,进一步促进学校、家庭和社区等良好教育环境的形成与发展,并共同促进学生的全面的进步与发展。

如何实践课外、校外艺术活动校园文化建设、社区文化建设的结合。

第一,课外、校外艺术活动是学校艺术教育的一个重要的组成部分。课外、校外艺术活动要与校园文化建设、社区文化建设紧密相结合,在活动内容和形式上,要遵循学校艺术教育的规律和学生的心理和生理发展特点,同时要坚持面向全体学生,鼓励学生积极参与,满足学生进步的愿

摄影小组的作品

望;要科学进行活动,使学生多方面获取知识,发挥学生的主体作用,挖掘其内在潜力;坚持经常活动,发展学生各方面的能力。学校更要切实制订目标计划,组织学生参与美化校园与社区文化环境建设的活动,积极参与社区文化建设。

第二,学校要加大文化艺术设施、设备建设的投入,为学生开展艺术活动提供必要的条件。并且还要充分利用校外教育场所,争取全社会和广大家长的全力支持,积极开展有关艺术教育方面的活动,为学生身心的健康成长创造良好的社会文化环境。上级教育行政部门要针对课外、校外艺术活动,制定艺术教育发展规划,出台艺术活动实施方案,使课外、校外艺术活动逐步规范化、制度化。

第三,学校开展课外、校外文化艺术活动,要做到有制度、有计划、有措施、有师资。要因地制宜,充分利用一切可以利用的条件,成立各种艺术活动小组和社团,像合唱队、舞蹈队、小乐队、美术小组、书法小组、摄影兴趣小组等。除了开展单项艺术活动外,学校还应定期举办综合性的艺术节和各种形式的艺术比赛,加大活动开展的力度。

第四,增加课外、校外艺术活动,加强校园文化建设,并及时将有关资料收集整理,及时在学校之间进行交流,克服只重实践,轻视理论;只重视活动,轻视总结交流;只重视教育探索,轻视教研活动等现象,加强学校活动与社区活动的交流,使学生真正意义上地走向社区,走向社会。

第九章　艺术教育与当地风土人情相结合

　　不同的地域,产生不同的文化、不同的艺术。民间艺术是艺术领域中的一项分类,它的范畴较广,而且也不乏很多"绝活",像皮影、剪纸、编织、绣花、狮子舞等等,都是很著名的民间艺术,它也是中华文化的瑰宝。现就民间美术和民歌谈谈想法。

一、民间美术

　　民间美术是中国传统文化的重要组成部分,是民族精神的物化形式,在长达数千年的传承中,与百姓生活血脉相融,蕴含了深厚的民族情感和文化精神。民间美术作为一种特殊的艺术形式,以其厚重、淳朴和原生的姿态存活于民间,但随着现代工业经济的飞速发展和外来文化的影响,民间美术赖以生存的土壤——农耕经济主导的社会生活和传统手工业,受到了致命冲击并迅速瓦解、流失。在此背景下,民间美术一方面面临着毁灭性的破坏,一方面还需担当起传承传统文化精神的重任。因此，对民间美术的研究，已不能局限于民间文化、造型艺术等"专业"范畴，而应以更为宽阔的视野，探索民间美术在社会生活中的现实意义。

目前对于民间美术的研究，在几代学者数十年的努力下，已经逐步形成了较为完善的学科体系。其研究角度可大致概括为形态研究、文化研究和应用研究三大类。

形态研究——它是民间美术研究的主流，是从历史和当代两个视角对民间美术的历史沿革、品类划分、造型特点、工艺技巧、功能表现、寓意内涵等诸多内容进行科学的梳理与研究，其研究方法以文献研究和田野调查为主，代表性成果如王朝闻先生主编的《中国民间美术全集》、段梅先生的《东方霓裳——解读中国少数民族服饰》、王连海先生的《中国玩具艺术史》、王树村先生的《中国民间剪纸艺术史话》《中国店铺招幌》等。

文化研究——它主要从社会学、文化学的角度深入研究与解读民间美术的文化意义，其代表性成果如张道一先生的《中国民艺学》、唐家路先生的《民间艺术的文化生态论》、吕品田先生的《中国民间美术观念》等。

应用研究——它主要以民间美术形态研究与文化研究的理论为指

导,探讨民间美术的造型方法与观念表现对现代造型艺术与设计艺术的指导意义与实现途径,其成果除以左汉中先生的《中国民间美术造型》、吕胜中先生的《再见传统》《造型原本》等为代表的专著外,还有大量以民间美术为灵感源泉和造型元素的创作实践作品。

以上分析虽不能涵盖民间美术研究的全部内容,但也从一个侧面反映出该领域注重以"作品"本身为研究对象和重点的现象。民间美术的价值,不但在于它的艺术性,更在于它的社会性,它不应仅是学者眼中承载着民族传统和文化精神的"艺术作品",更应在社会生活中发挥其存在的现实意义。

德国古典美学家席勒于1795年,在其美学名著《美育书简》中首次提出"美育"的概念,并阐述了"通过审美教养可以使人类的精神获得解放"的重要思想。一百多年后的中国,1906年王国维先生首倡美育,之后蔡元培先生更是大声疾呼"以美育代宗教"。虽然这一口号被后世的很多学者批评为"不科学"或是"幼稚",但不能否认的是,这是中国近代史上第一次将"美育"与国家之兴亡如此紧密地联系在一起。当前,美育对提升国民素养以及国家实力的重要意义已为社会共识,美育作为素质教育的重要组成部分不仅被纳入国家教育体系并日益受到广泛关注。中共中央国务院在《关于深化教育改革,全面推进素质教育的决定》中特别指出:"美育不仅能陶冶情操、提高素养,而且有助于开发智力,对于促进学生全面发展具有不可替代的作用。要尽快改变学校美育工作薄弱的状况,将美育融入学校教育全过程。中小学要加强音乐、美术课堂教学……开展丰富多彩的课外文化艺术活动,增强学生的美感体验,培养学生欣赏美和创造美的能力……农村中小学也要充分利用当地文化资源,因地制宜地开展美育活动。"还明确提出:"切实加强学校美育工作,是当前全面推进素质教育,促进学生全面发展和健康成长的一项迫切任务。学校艺术教育是学校实施美育的主要途径和内容。"

美育,不仅是培养学生对美的事物的认识能力、感受能力和创造能力,更是对其道德思想、意志品德、人格修养等产生深远影响的教育手段,其中,美术教学是实施美育的重要途径与方法。美术,在微观上,通过对基础审美知识、美术技巧的学习,在提高学生审美能力、想象能力与造型能力的同时,可开阔人的心胸、视野,使其充满对美好事物的向往和追求;在宏观上,则通过个体人生境界的提升,达到国民综合素养的全面发展和完善。正如鲁迅先生在《拟播布美术意见书》一文中所述:"美术可以辅翼道德,美术之目的,虽与道德不尽副附,然其力足以渊邃人之性情,崇高人之好尚,亦可以辅道德以为治。物质文明日益曼衍,人情因亦日趋于肤浅;今以此优美而崇大之,则高洁之情独存,邪秽之念不作,不待惩劝,而国乃安。"

当今社会科学技术突飞猛进，"知识经济"逐渐成为国家经济的重要组成部分。国力的强弱越来越取决于国民的素质，取决于劳动者的质量和数量。教育，作为综合国力形成过程中的重要基础，面临着前所未有的挑战。如何全面贯彻素质教育的教育思想，尤其是保证美育在学校的有效实施，是摆在每一个教育工作者面前的重大课题。

建国六十多年来，虽然我国的教育事业已经取得了令人瞩目的成就，但艺术教育水平离实现全面建设小康社会的目标还有距离。尤其是在人才培养方面，其教学水平与质量还很低，美育课程更是形同虚设。相关调查与数据分析结果显示，设施、师资、资金等教学资源的缺乏是制约学校美育实施的瓶颈所在。其具体表现为：

第一，教学设施匮乏。

不可否认的是地区之间、城乡之间的差异性，这是教育资源不均衡的重要原因之一。大量乡村学校的办学条件相当艰苦，美育教学设施建设水平低下。虽然没有来自官方的关于学校美术课程开课率和教学质量的准确统计，但根据教育部关于"美术器械配备达标"的相关数据显示，仅有42％的学校美术器械达到教学标准，这意味着将近60％的学校根本不具备完成现有美术教学的基本条件。

第二，师资严重不足。

教育部相关统计显示，全国范围内学校美术教师人数的总和不到学校总数的二分之一。那就是说，如果每所学校只有一位美术教师，全国也有半数以上的小学没有美术教师；而这些美术教师中，仅有百余位具有研究生教育背景，其余除少数为本科毕业外，绝大多数为中专、高中甚至以下教育程度。这组数据显现出，我国学校美术教师无论是数量还是专业教育程度，均与现实需求有着巨大的差异与矛盾。

第三，资金短缺。

相当数量的学校地处偏远地区，经济水平不高，要求他们按照"义务教育课程标准试验教科书"与大城市一样使用颜色、画纸、画笔等学习用具完成美术课程相关内容的学习，是不可能的也是不现实的。只有突破了资金短缺的瓶颈，才有可能保证美育在大多数学校得以贯彻实施。

综上所述，美育是素质教育的重要组成部分，是培养人的综合素质和人文修养的基础和手段；是国家未来劳动者的重要源泉与人才储备，提高美育水平，对国民素质和国家综合实力的全面提高具有深远的意义。

民间美术，是由普通劳动者根据自身生活需要创造、使用并欣赏的一种特殊的艺术形式，它既是民间物质生活密不可分的组成部分，也是百姓精神生活的物化表现。民间美术内涵丰富、外延广博，剪纸、年画、民居、玩具、服饰、日用器具、家具陈设，甚至日常劳动生产中所使用的工具、农具等，均是民间美术的研究范畴。民间美术是民族文化生成与发展过程的真实记录，蕴含着深厚的民族理想、人文精神和审美内涵，被研究者称作中国文化的"母体"和"本原"。将民间美术与学校美育相结合，具有其他教育方法不可比拟的先天优势。因此，使艺术教育与当地风土人情相结合要做到：

第一，突破学校美育瓶颈。

民间的艺术活动，往往就是百姓生产生活的内容本身，是在满足衣食住行的实用性需要的过程中创造的具有审美意义的艺术作品，它以最贴近日常生活的姿态，展现着清新、质朴的审美特性。民间美术生于民间、长于民间，是百姓最为熟悉的，因此也是最易理解和接受的。虽然民间美术"具有民众生活中上层建筑、意识形态的意义"，但其因地制宜、因材施用的造型方式，是突破农村小学美育设施匮乏、资金困难等瓶颈的天然优势。通过引导学生就地取材，学习本地民间艺术丰富的形态特点，培养其独具民族个性的创新能力、想象能力和审美能力。同时，生活在百姓中间的民间艺人人数众多，创作经验丰富，他们就是最优秀的民间美育教师。将民间美术的创作者请进课堂，能使学生得到生动、亲切的美育教育。

第二，强健学校美育的精神内涵。

美育，既是美术技能的训练，更是培养民族审美理想、个性发展和创造能力的重要教育手段。美术教育，对学生的全面发展和人格品德的养成，具有不可替代的重要作用。民间美术作为民族精神的物化形式，蕴含着深厚的文化内涵和民族传统,并以极为丰富的样式存活于百姓衣食住行等各个生活环节。因此说,将民间美术与学校的美育相结合,是从人才培养的基础阶段贯彻实施传统文化与审美思想的教育精神,这将对于全面提升国民现代素养、强化民族精神具有重大的现实意义。

第三,促进两者的共同繁荣与发展。

社会日益加快的现代化步伐,在改变了传统的以农耕经济为主的社会环境的同时,也从根本上摧毁了民间美术赖以生存的土壤,民间美术面临着前所未有的考验。昔日百姓生活中不可或缺的装饰美化生活的方式、传统劳作的用具、日用服饰等,因无人欣赏、无人使用和无人制作,而迅速走向消亡。民间美术是民族精神的物化形式,是珍贵的文化资源,我们应更为积极地引导年轻的一代认识民间美术、使用民间美术,发挥其存在的现实意义。在引导学生从审美的角度认识、学习民间美术的造型方法和视觉表现规律的同时,引导学生了解民族审美意识、学习优秀道德传统、培养民族自豪感,从而完成美育、育人的教育任务。

民间美术作为生活的"常态"存在于百姓日常生活之中,其艺术价值和文化内涵往往为身处"民间"的人们所忽视。尤其是在偏远乡村,年轻一代出于对"现代文明"的渴望,更强烈地显现出对新鲜事物的追求与盲从、对传统文化的轻视与放弃。发掘民间美术的现实意义,将其与学校美育相结合,不仅能有效解决当前学校美育教学的困难,引导学生重新解读生活中的艺术现象,以审美的角度研究、欣赏民间美术的造型方法、审美特点与文化内涵,而且能以最直观的方式引领学生感受中华民族的文化精神,认识民间艺术的厚重、质朴、浓烈和热情,从而达到培养学生审美能力和人文素养的教育目的,促进其身心健康和人格素养的全面发展。

二、民歌

民歌作为一种以乐音为媒介的艺术形式,我们对它的审美体验,是经由一些形式要素的综合效应来具体把握的。因此可从以下几方面分析民歌的地方色彩奥秘之处。

(一)民歌地方色彩的表现形式

民歌是音乐与文学的综合艺术,民歌的美感体验和地方色彩主要表现于音乐形式要素的具体特点上,而民歌地方色彩是很复杂的音乐现象和领域。音乐形式方面,主要涉及音阶、结构、音调、音律、旋法等要素的特点,歌词方面,主要涉及方言词汇、衬词和声韵调等要素的特点。以上词曲形式中任一要素的特点,或多个要素特点的综合作用,都可构成民歌色彩的个性及其变迁,这些要素也正是辨析民歌地方色彩的理性依据。

比如,山西左权民歌《樱桃好吃树难栽》,这首歌是体现"北音"色彩的作品,其具体形式表现为:带变宫的六声音阶,宽羽声韵的音调结构623,对应性质的上下句体结构,旋法含有六度大跳,方言唱词"开"的韵母特点为 e,而不是 ai,等等。

再如,四川民歌《康定情歌》。此歌为体现南音色彩的作品,具体形式表现为:五声音阶,四句体结构,窄羽声韵的音调结构 612、356,级进为主的旋法,四川特有方言衬词"跑马溜溜的"等的运用。

这两首民歌分别体现了中国北、南音的地方色彩个性,在美感体验上,北歌有悠远高朗之美,南歌为柔和婉转之美,南、北民歌音乐的审美色彩差异并非玄虚而不可捉摸,它具体清楚地由音阶、结构、音调旋法和方言声韵衬词诸多要素特点的综合作用而达成。我们完全有可能从词曲形式要素及其特点的细致分析中对之做出理性的分析和把握。

（二）民歌地方色彩的区域

中国有句家喻户晓的古话叫"乡音难改"，即便如此，甚至在不同乡镇，其方言和民歌也有不同色彩，这固然是很极端的例子，但也表明民歌色彩是与地区结合而体现的，具有普遍性和多样性。根据地理面积的不同，民歌色彩可相应划分为多个层次的色彩区来加以体认。一般规律是，区域面积越大，民歌的个性色彩越鲜明，差异也越显著；反之，则个性色彩越模糊，差异越细微。故地区面积与色彩浓度成反比例关系。相应地，在辨析不同区域民歌色彩时，所运用的分析参数会有变化。基本原则是，色彩区面积与分析参数呈反比关系，即色彩区面积越大，民歌色彩越彰显，分析中所用的形式参数就越少，分析方法越粗略；反之，分析参数增多、细化。比如，从宏观层次看中国南、北民歌的色彩，就只须考虑音阶、结构、音调三因素特点即可清楚辨认。北歌多为六声或七声音阶，结构为较规范的上下句体，音调多用大、宽音韵（135、512）。而从中观层面看南、北方内部各省区之间的差异，则由于都用同样的音阶、音调和结构，就需要添加更多更细的形式参数如旋法、润腔等来做更深一层次的划分，才能找出其间的色彩差异。

（1）南、北、中的色彩差异（宏观层面）

从宏观层面看，中国民歌可划分为北方、南方和中部三大色彩区域，各区色彩有很明显的差异，并具体体现于一些形式要素的综合作用上。

陕北信天游《三十里铺》是北音色彩的典型曲调，其形式特点为：对应性的三上一下四句体（二句体的变体），带 FA 偏音的六声音阶，宽宫声韵结构 512，旋法多用五度跳进。歌词"我"的方言读音为 E，曲情苍劲凄凉。

同样是体现北音色彩的信天游《红军哥哥回来了》一曲,其形态表现与《三十里铺》雷同:上下句体,带FA、SI两个偏音的七声音阶,宽商声韵623,多跳进,旋法多用七度大跳。方言词汇有"鸡娃子,狗娃子"等;"了、来、咬"等字具有方言声韵的发音特点,如"咬"字读为"NIO","来"为"LE"。曲情开阔慷慨等等。

(2)南方不同省区的色彩差异(中观层面)

中国南、北民歌色彩的差异是明显的,南方内部或北方内部各省区间的民歌,还存有色彩差异。作为民歌色彩的亚层次体现,各地民歌色彩差异虽稍趋淡弱一些,但其间仍有理脉清晰可辨。比如四川、云南两省地理紧邻,音乐文化共性颇多,民歌都具南音的最基本特点如五声音阶,以羽小声韵613为核心音调,四句体的典型结构等等。但两省民歌因具体旋法的偏爱不同,又形成了色彩差异。四川民歌多用曲折跳进式旋法,故带有几分泼辣情调,如流行全国的四川宜宾农村小调《绣荷包》,采用小羽声韵的换序曲折旋法631,乐曲多随方言语调走势成腔,如"缎子"等。方言衬词"衣儿牙儿哟、猪儿嘎、金刚梭罗妹"的大量运用,更加强了四川的地方色彩。而云南民歌则偏爱下行音阶式级进旋法,更显旖旎柔宛的风采。再加上其他音乐形式和歌词方言的特点,其色彩差异仍清晰可辨。如《放马山歌》,采用典型的羽小声韵下行音阶式旋法,3216,其在乐句尾固定地不断出现,给人以强烈的印象。

(3)省区内部的色彩差异(微观层面)

民歌地方色彩不仅体现于中国南、北的不同省区,即使在同一省区内,也会因地理、方言声调及传统审美习惯的不同,而有极其微妙的色彩差异。

如果在湖北各地,聆听当地的音乐,就可感到其色彩丰富,或具南方韵味,或带北方风味,或有西南巴蜀色彩,或染下江东吴音韵,境物变迁,音乐亦异其趣。真是五光十色,绚丽缤纷。据湖北民歌专家杨匡民教授研究,湖北民歌可划分为五个色彩区,湖北五个地区都流行一首《十绣荷包》小调,各地的唱词都一样,但因地方文化不同的影响,旋律形态如调式、旋法音调等都相应形成了不同样式,体现了五区的地方色彩,真是五音杂处,色彩缤纷。

第十章　我国基础教育服务非均等化的问题

国家秉承着以人为本的科学发展观,将基础教育摆到了空前重要的位置,相继出台了一系列改革和发展基础教育的政策措施,各级政府逐步加大了财政投入力度,使得学校基础教育有了较快发展,但保障水平还较低,存在问题还不少,主要表现在以下几个方面:

一、教育管理体制存在差异

于 2006 年 6 月 29 日颁布的新的《中华人民共和国义务教育法》中明确规定:国务院和县级以上地方人民政府应当合理配置教育资源,促进义务教育均衡发展。实现城乡教育的均等化,让每一个学生都能享受平等的教育权利和教育机会,这已成为当前社会对政府推进教育公平和社会公平,使广大人民共享发展成果的基本要求。客观上看,我国东、中、西部地区的经济和社会发展的地区差异日益显著,各地区学校教育的发展也同样呈现出明显的非均等化特征。目前,已有不少学者对我国教育发展的非均等化问题进行了研究。沈百福等从省级数据入手对地方教育投资进行研究,利用灰色聚类法,研究不同类型地区的社会经济发展水平与教育发展水平的协调性,并计算了主要教育投资评价指标,用于分析年度变动趋势和区域变动共性与特性。王善迈等的实证研究则表明,我国教育经费的区域性差异确实呈上升趋势。潘天舒对我国预算内义务教育投资的地区差异进行了统计检验,用变异系数、基尼系数、塞尔系数和回归分析的方法,研究了我国预算内义务教育投资的差异状况。钟宇平等利用省级数据计算变异系数、Malone 指数等指标。分析我国义务教育财政投入不平衡问题。王蓉以学校组群为分析单位,探讨了我国义务教育资金分配的不公平性,并着重讨论了农村学校教育投入问题。岳昌君利用基尼系数研究我国省际之间教育发展水平的差异,分析教育资源配置与经济发展、城市化水平等方面的关系。李斌用舒尔兹系数、基尼系数方法描述并分析全国各地区农村基础教育的财政投入状况,并从公平和效益两个方面评价我国学校基础教育的现状。

二、教育资源不够均衡

从建国以来,一直到 2005 年,我国学校教育分别经历了由"政府包办为主",到"分级包干、分级管理""以乡为主",再到"国务院领导下,地方政府负责,以县为主"三个阶段。

从建国到 20 世纪 80 年代初期,高度集中的计划经济体制,使得我国的教育财政投入体制虽几经变革,但义务教育经费投入仍以政府包办为主。由于政府财力有限,教育规模的不断扩大,政府也在探索多渠道的教育经费筹措办法。早在 50 年代初,就提出了"两条腿走路"的方针。在办学体制上实行国家办学和厂矿、企业、农村合作社办学共举,免费教育与非免费教育并举,允许中小学收取杂费等措施。从 1956 年起,教育发展进入"跃进"状态。从 1956 年的中学数 6715 所,增至 1958 年的28931 所。小学生总数从 1957 年的 6428.3 万人,增加为 1960 年的9379.1 万人。

总体看来,这一时期学校教育投入以政府包办为主。这种体制有利于利用有限的资金发展教育事业,培养社会建设需要的人才。但是,由于政府在建国初期的财政紧缺且支出范围过大,教育支出所占的比例偏小。又由于高度集中的计划经济体制,以及城乡二元结构的限制,学校教育公共服务虽然由政府提供,但受到公共财政的限制和对社会主义建设人才的奇缺,城乡义务教育的差距日益拉大。

1980年代初,国务院颁布了《关于实行划分收支、分级包干财政管理体制改革的规定》,开始实行新的分级包干的财政管理体制。在地方财力不断增强的情况下,1986年《关于教育体制改革的决定》明确规定了分级办学、分级管理的办学管理体制。在资金渠道上确立了利用财、税、费、产、社、基等来源多渠道筹措经费。而在事实上,我国农村的义务教育主要是由乡(镇)级政府负责的。由于乡(镇)级财力有限,集资、借贷建校便成为农村义务教育发展的重要途径。由于全国有80%以上的小学、64%以上的初中设置在农村,"集资办学"在《义务教育法》颁行后使得农民承担了义务教育半数以上的"义务"。在这一时期,由于地方政府面对大量的公共服务群体和公共服务项目,财力却相对薄弱,这种不对称的财权和事权使地方政府财政入不敷出。无法保障农村公共产品和公共服务的提供。而农民集资也是当时乡镇政府提供公共服务的资金来源的重要手段,农村义务教育作为公共服务的重要内容,占财政的重要部分,税费改革前农村义务教育的发展不断增加了农民的负担。

2000年我国开始推行试行农村税费改革,我国的农村义务教育进入到"国务院领导下,地方政府负责,以县为主"的义务教育管理体制阶段(2001～2005)。在这种新的形势下,为了保障教育经费投入,2001年《国务院关于基础教育改革与发展的决定》规定,学校教育实行"在国务院领导下,由地方政府负责、分级管理、以县为主"的体制。

建立"以县为主"的农村学校教育投入体制后,农村学校教育投入情况有了较大的改观,农村地区学校教育经费的来源结构发生了较大变化,政府预算内的经费投入已经占到农村学校教育经费的80%以上,农村教师基本工资有了保障。同时,从2001年起开始启动"两免一补"工作,中央与省财政投入力度不断加大,到2004年"两免一补"已经使3000万农村贫困家庭学生不同程度受益。农村教育的投入状况有了一定的改善,在一定程度上缩小了地区间的差异,特别是在中小学生教育经费方面有着直接的反映。

从时间上看,无论是初中还是小学都经历了一个"增大—减小—增大"的变化过程,其中2001年是波动变化中的波谷。2001年在农村义务教育方面开始提出要逐步建立"以县为主"的管理体制,同时2001年也是"十五"计划的第一年。当然,值得注意的是,尽管2001年基尼系数是在下降,但整体的变动趋势却是不断增大的。

而且,将1998年与2003年各地区学校的教育经费来源情况作比较,可以发现,经过5年的努力,学校教育经费来源结构发生了很大的变化。最重要的是中西部落后地区的政府公共投资比重增长明显,附加和捐资、集资收入比重下降迅速。那是因为,政府公共投资的比重有了很大幅度的增长,特别是中西部落后地区;教育附加费比重减少明显。教育附加费中,学校教育附加费减少的比重最多,部分省份农村学校教育附加费取消。与此同时,城市教育附加费和地方教育附加费这两类资金的投入比重在大幅上升。最后,各地区特别是中西部落后地区捐资、集资收入的比重也明显减少。

三、教育环境存在很多差异

中国是一个幅员辽阔、区域间发展极不平衡的大国,这种区域间发展极不平衡突出体现在学校教育发展方面。尽管不同地区之间资源利用的模式相近,但地区之间的教育发展水平的差异却非常明显。

(1)整体差异

首先是我国教育发展的整体水平较低,大多数省份的发展绩效处于较低层次、较低水平的趋同状态,我国教育的地区差异首先体现在东、中、西部各省的内部差异。其次是各省之间的省际差异。最后是地区间差异。我国东、中、西部地区各省之间的省际差异虽然占总体差异的比重相对较小,但从长期看,扩大的趋势较为明显。

(2)地区差异

首先,无论是在教育的数量规模还是质量水平方面,我国教育的地区发展都存在着较大的差距;其次,从教育的基础状况来看,中、西部处于相对弱势的位置。就教育质量而言,东、中、西部小学层次的比重依次降低,而初中的比重依次提高。

(3)省际差异

我国的教育发展不仅在东、中、西部三大地区之间存在巨大的差距,而且各省之间也有着发展极不平衡的普遍现象。对 2004 年东、中、西部地区各省之间的教育投入差异可以反映这种非均衡状况。各地区基础教育投入指数从小到大的顺序是:东部地区——中部地区——西部地区,中部地区内各省市的农村基础教育投入指数相差较小,而东部、西部地区内各省市的教育投入指数相差较大。从大到小的顺序是东部经济带大于西部经济带,西部经济带大于中部经济带;基尼系数从总体上反映了各地区宏观教育投入指数,西部地区的基尼系数相差较大,而东部地区的基尼系数相差最小。各地区教育投入指数差异从小到大的顺序是:西部地区大于中部地区,中部地区大于东部地区。

各地区间省际差异,基于各省份财政收入、人均 GDP 及教育综合投入指数。东部地区的浙江省、中部地区的河南省以及西部地区的陕西省均接近各地区均值,具有较强的地区代表性。根据这三个省从教育的经费收入和支出结构两方面进行衡量的情况加以比较,我们可以发现:

第一,我国东、中、西部三大地区内各省之间的农村基础教育投入相差较大,并且近几年来并无明显改善。

第二,我国东部、西部地区内各省的教育投入差异较大,而代表我国中等经济发展水平的中部地区各省之间教育投入差异较小。

第三,我国东部、西部地区各省的财政投入对于教育的发展发挥主导作用,地方经济发展水平在相当大的程度上影响到各省教育的投入力度。

四、人才培养不当

我们的教育要求学生以学为主,鼓励学生考高分,缺乏培养学生个性发展的强烈意识。其实,课本知识毕竟只是一点共性知识,共性知识是不能使人成才的,使人成才的是个性知识,学习个性知识的时间越少,成才的希望就越渺茫。实际上,要求和鼓励学生浪费过多发展个性的时间,是不会使学生真正成为对社会有用的人才的。

五、我国基础教育服务非均等化的原因

(1)教育资源配置的政策和制度不合理

城乡分割制度造成城乡之间基础教育非均衡发展。教师分配体制扩大了城乡教师资源之间的差异。现行的校长负责制造成了教师管理权与使用权的分离,间接地限制了教师的流动。

(2)国家财政投入不足,区域经济发展不平衡

我国现行基础教育财政体制要求,把发展基础教育所需的资金交由地方负责筹措与分配,实际上等于默许了城乡经济发展不平衡这种客观差异对发展教育的不利影响和制约。农村教育经费中财政性经费投入严重不足,城乡之间教育基本建设和维修经费、公用经费投入差异巨大。

(3)主管基础教育的政府级次、职能部门过多

我国五级政府都对基础教育的发展负有一定的责任,而且基础教育的管理还涉及教育、人事、财政等多个政府职能部门,如此多头的管理,一方面会造成政府间交易成本的增大,浪费宝贵的基础教育财政资源,另一方面又容易助长政府之间互相推诿责任的可能性,从而影响基础教育政策的执行和落实。

(4)教育师资人才水平参差不齐

城乡教师整体水平与素质存在巨大的差异。就城乡教师的学历结构而言,一些城市地区已开始实现小学教师大专化,甚至本科化,而相当多的农村地区,小学教师合格率仍主要维持在中师学历水平。在一些落后农村地区,代课教师的比例仍然很大,合格教师的严重匮乏更加表明了城乡师资水平的差异。

六、实现基础教育服务均等化的对策

随着人类社会的不断进步与文明程度的不断提高,基础教育公共产

品对社会经济发展日趋重要。因而,基础教育服务均等化不仅是公共财政和民主财政的内在要求,也是现代民主国家的重要责任。为了更好地实现基础教育服务均等化,提出以下几点对策:

(1)明晰政府角色,强化现代教育管理体制,夯实均等化的政治基础

①政府应承担起基础教育投资的主体地位。基础教育作为公共产品的性质决定其应由政府来提供,并努力使均等化发展目标得以实现。

②明确界定基础教育服务在各级政府之间的事权和财权划分。多级政府分担经费,既是为了保证基础教育的资金需要,也是为了促进各级政府支持教育。

③履行基础教育服务职能的政府级次不能放置太低。基础教育应由相当于县级的地方政府办学,这样有助于避免因末级基层政府缺乏财力保障而使基础教育不能充分发展的现象。

④把政府间财政的转移支付视为最重要的手段。这不仅可以提高中央和省级政府对基础教育服务的财政供给水平,同时也可以强化中央政府对全国基础教育服务的宏观调控能力,并以此消除或缩小地区之间的不均等。

⑤实施城市和农村一体化的教育财政管理体制。应借鉴国外经验,在教育体制的设计上不应有城乡之分,在财政分配上不应过多地向城市倾斜。

(2)公平基础教育资源配置,促进教育机会均等

①统筹分配有限的教育资源。从教育投入层次来说,教育资源应该更多地向基础教育倾斜;从教育投入的区域分布来说,应该更多地向西部地区倾斜;从城乡教育投入来说,应加大农村教育投入,缩小城乡教育

差距。

②统筹城乡及区域经济协调发展,减小地区及城乡差异。把城乡作为一个整体,实行城乡统一筹划。只有促进了城乡经济的协调发展,才能使人们的教育支付差距减小,促进城乡的教育协调发展。

③建立纠正的补偿平等措施,建立公共教育财政制度。国家应该补偿纠正教育资源及机会在配置上存在的不公平现象,建立体现实现城乡间甚至是每个公民间基础教育公共产品均等化服务的公共基础教育,建立和完善财政制度公共教育财政体制。

(3)完善配套政策体系,促进基础教育服务的过程公平

①采取差异策略,促进地区之间的基础教育均等。国家应该在全面统筹教育发展规划的前提下,在具体措施上采取差异策略,对不同地区采取不同的政策和要求。在政策、经费和师资等方面对落后地区进行倾斜和补偿。

②扶持弱势群体,促进阶层之间的基础教育均等。国家通过公平的政策与制度设计来消除政治资本和社会资本在教育机会获得中的不当干预。加强对弱势群体阶层家庭和弱势群体阶层子女的扶持。

③制定鼓励性政策,促进不同性别之间的基础教育均等。第一要加大贫困地区的教育投入,为女童接受教育提供一个安全的学校环境;第二要改革学校教育,调整教科书中性别不平等的内容;第三要引导社会观念,加强性别平等的宣传教育,树立性别平等的教育榜样。

(4)大力发展基础教育,促进结果公平

①实现最基本的教育服务均等化。国家应根据对基础教育运行的实际调研情况,公布最低的国家基础教育办学条件标准,各地的基础教

育只允许高于国家标准,而不得低于国家标准。

②允许基础教育服务地区性差异存在。均等化并不意味着全国的基础教育完全一致,相反,基础教育的均等化应允许在全国最基本的办学条件基本一致的基础上,存在一定的地区差异。

③教育部门要大力肯定并宣传分数并不具有唯一性。教育部门应该做好相应的宣传教育工作,大力肯定分数不具有唯一性的观念并宣传推广,促使不同特长个性的学生都能受到老师的重视与积极培养教育。

第十一章　中小学生艺术教育的建议和展望

艺术教育的本质意义是一种以人为本的生命本体教育,这是因为艺术从本质上说是人的生命力的集中体现,它突出表现了人的生命意识。从艺术的发生与发展历史看,艺术与人的生命活动是息息相通的。人类所以需要艺术并创造了艺术,是因为人的生命活动需要能充分体现生命力与生命意识的活动,需要以它体现生命的创造性。于是,在人的最基本的生命活动的过程中,在生产劳动、繁衍人口、饮食起居以及游戏娱乐等等活动中,艺术应运而生。艺术源于人类生命的活动中,并不断生长,反过来又以它特有的方式推动着生命活动,使人的生命活动沿着健康的、蓬勃向上的方向发展。直到今天,艺术仍然是人的生命活动不可缺少的组成部分,成为人的生命活动最集中、最突出的表现形式。

一、明确艺术与人的生命之间的关系

美国当代美学家苏珊·郎格曾有过精辟的论述:艺术之所以显得生动、感人,艺术之所以能使人的生活更加丰富多彩,使欣赏者更显得生气勃勃,其根本原因在于艺术与人的生命结构、生命形式之间有着一种对应关系,它们之间有着一种内在的相似性。是一种生命的形式。

艺术结构与人的生命结构、生命形式之所以是相通的,是因为人具有能动的意识,人的生命所具有的能动性表现在艺术中便是想象力与创造性,艺术的想象力与创造性正是人们的生命本质的体现,艺术的想象力与创造性又滋养并推动了生命活动的想象力与创造性。因此，人的生命活动需要艺术，人类的生命历程离不开艺术。可以毫不夸张地说，如果没有艺术，人的生命活动将变得索然无味，如果整个社会的人都不参与艺术活动，人类生命的想象力与创造性就很难得以发展，人类就将倒退到动物阶段。

由此看来，人类的艺术教育必须建立在生命本体教育的基础上，其最终目的是为了让全社会的人富有生命力，让人的生命更富有想象力和创造性。

二、要培养学生的想象力

艺术教育的主要任务是要达到上述这一根本目的，为达到这一目的就应当明确自己所承担的任务，具体说，艺术教育必须要培养人的想象力、创造性及个性，培养人的丰富的情感和强烈的生命意识。艺术创造与艺术欣赏需要丰富的想象力，并能通过创造与欣赏锻炼人的想象力。在应试教育的背景下，我们培养的学生只是一种能背诵标准答案的工具，甚至连艺术作品的欣赏也被纳入标准答案。这无疑就是对学生创造性的一种扼杀。我们的艺术教育就是要培养人的创造性，那么首先就要鼓励学生甩开任何约束想象力的框框和"标准答案"，精心栽培并正确引导学生在任何方面表现出丰富的想象力。

三、要培养学生的创造性与个性

我们必须明确，艺术教育的含义不仅是以一些优秀作品教育孩子们，更主要的是以一些优秀艺术作品激发学生的兴趣，从而让学生参加到艺术创作活动中去。尽管他们的创作是幼稚的、不成熟的，有的创造性活动甚至是十分简单的，但正如我们常说的重在参与，学生动手与不动手是完全不同的。艺术教育要培养学生的创造性,就要变被动的单方面教育为引导学生主动参与,并且在学生参与过程中有意识地发展、鼓励并培养他们的创造性。个性的培养也是艺术教育的一个重要方面。艺术本身是十分强调创作个性的,风格与个性是每一部优秀艺术作品的生命所在,没有个性的作品就没有存在的价值。因此,艺术教育突出个人的风格与个性表现。艺术教育就是通过有个性的作品的欣赏,在学生的初级的艺术创造活动中,鼓励学生的个人风格及个性的表现,从而培养出有个性的未来人才。

四、要培养学生的情感

科学作用于人的理智,艺术作用于人的情感,科学以理服人,艺术以情动人,而理智与情感是一个健全的完整的人所不可或缺的。在传统教育中,我们注意了对学生知识的传授,却往往忽视了对学生情感的培养,我们总认为"传道、授业、解惑"是学校教育的根本任务,却忽略学生具有丰富的感情才可以成为健全的人。在这方面,艺术便要承担起培养学生丰富情感的任务。在教学过程中,学生作为学习的主体,其情感直接影响学习的效果与质量。教师如果充分挖掘刺激学生心理的情感源泉,并且通过恰当的途径和方法,激起学生健康、积极的情绪体验,以优良的情感去感染学生,促使学生自觉接受教育。在各种艺术形式的教学中,学生除了掌握基本的艺术技能外,还要在学习中丰富自己的情感和思想,提高审美情趣,通过艺术与自己情感生活的连接和相互作用,学习用艺术的方式表达和交流情感,获得创作、表现和交流的能力,达到健全人格、陶冶情操的效果。

总之,正如杭州市京都小学校长王黎峰在《面向学生个性发展的学校艺术教育体系构建研究》开题活动上所言：真正的素质教育是以人为本的教育，它不仅关心学生获得终身学习的基础知识、基本技能，而且尊重学生身心发展的规律，关照每一位学生全面和谐的发展，更为重要的是，它关照每一位学生的个性化、多元化的发展，认可每位学生的个性差异并激发其固有的潜力。所以说，为了丰富学生的精神世界，提高学生的审美修养，发展学生的形象思维，激发学生的创新意识，促进学生的个性健康发展，全面提高学生的道德素质、文化素质、人文素质，有必要制定以提高学生人文素养和艺术素养，促进学生全面发展的艺术教育工作规划，并不断加强和完善艺术教育工作的规范化、制度化和特色化，将艺术教育作为推进素质教育、培养现代人文精神和创新精神的有机组成部分和重要载体。

这样就能为学生提供优质的创新与实践的场所，搭建全方位发展艺术才能的平台，深入挖掘潜在于知识结构和社会领域中的丰厚的艺术教育资源，在优美动听、声情并茂的音乐艺术中塑造学生们高尚的灵魂；在色彩纷呈、画笔刚劲的美术天地里展示学生们丰厚的艺术底蕴；在健步如飞、优雅自如的体育锻炼中呈现出同学们对强健美的崇尚与追求；在如歌如画的、令人荡气回肠的古今中外的诗文中表现出学生们对人文美、艺术美的痴迷与陶醉；在走向实验室、走向田间、走向社区的过程中，开阔了学生们的视野、丰富了学生们的知识、增强了学生们的能力，教学与艺术、艺术与生活和谐统一了。同时，在今后的教育教学中，我们更要大力弘扬民族优秀的文化传统，引进并学习世界优秀的文化艺术，加强艺术教育在各学科、各领域的不断渗透，这就是时代的要求，也是培养未来高素质人才的需要。

参考文献

[1]王建宏.艺术概论［M］北京:文化艺术出版社,2010.

[2]亨德里克·威廉·房龙.西方美术简史[M]吕苗译.吉林:吉林文史出版社,2012.

[3]何平,孙莎岚.中国艺术简史[M]四川:四川文艺出版社,2009.

[4]马钦忠.见证中国当代美术[M]上海:上海学林出版社,2011.

[5]张夫也.外国艺术史 第二版[M]湖南:湖南大学出版社,2012.

[6]吕澎,易丹.1979年以来的中国艺术史[M]北京:中国青年出版社,2011.

[7]周宏智.西方现代艺术史[M]北京:中国建筑工业出版社,2010.

[8]丹纳.艺术哲学［M］傅雷译.北京:人民文学出版社,2009.

[9]瓦萨里.巨人的时代〈大艺术家传〉[M]刘耀春等,译.湖北:湖北美术出版社,2002.

[10]温克尔曼.论古代艺术[M]邵大箴译.北京:人民大学出版社,1989.

[11]文杜里.西方美术批评史[M]迟轲译.海南:海南人民出版社,2005.

[12]沃尔夫林.古典艺术[M]潘耀昌,陈平译.浙江:浙江美院出版社,2004.

[13]帕诺夫斯.基视觉艺术的含义[M]傅志强译.辽宁:辽宁人民出版社,1987.

[14]贡布里希.艺术与人文科学[M]浙江:浙江摄影出版社,1989.

[15]佟景韩.易英 西方现代艺术美学文选〈造型艺术美学卷〉［M］.辽宁:春风文艺出版社,1990.

[16]克拉克.艺术与文明[M]易英译 .上海:上海东方出版集团,2001.

[17]邵宏.美术史的观念[M]北京:中国美院出版社,2003.

[18]易英.西方美术史方法论文选[M]北京:中央美术学院美术研究杂志社,2008.